인생 설계자의 공식

나이키 조던의 부사장이 전하는 성공적인 삶의 비밀

인생 설계자의 공식

하워드 H. 화이트 지음 | 김미정 옮김

한국경제신문

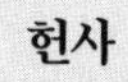

헌사

맨디에게
“할머니로부터 아빠를 통해
내 곰돌이, 네가 내 순환 고리를
완성해 주었단다.”

추천의 글

최근 하워드 화이트를 세 단어로 묘사해 달라는 요청을 받은 적이 있다. 나는 그 요청을 한 사람에게 '친구'라는 한 단어면 충분하다고 대답했다.

하워드가 내 친구라는 것은 의심할 여지 없는 사실이지만 내 학창 시절 친구거나 퇴근 후에 어울리는 친구는 아니다. '기업은 총알 없는 전쟁터'라는 비유에 빗대어 설명하자면 하워드와 나는 같은 참호 안에서 35년 이상 같이 싸운 전우다.

그 세월 동안 우리는 셀 수 없이 많은 전투를 치렀고 때로는 지고 그보다 더 많이 이겼으며 매번 많은 교훈을 얻었다. 경영 경험이 풍부한 하워드는 여기에 관해서도 독자에게 전수해 줄 것이 많겠지만 이 책은 경영에 관한 것은 아니다. 이는 하워드가 상당히 독특한 인물인 까닭인데 굳이 따지자면 이 책은 인생을 경영하고 설계하는 법과 관련 있다.

그는 경영 경험이 전혀 없을 때도 인생에 관한 확고한 가치관이 있었다. 그의 어머니인 릴리언이 아주 뿌리 깊이 심어준 가치관으로, 릴리언은 다른 집의 청소를 해주며 생계를 꾸리면서도 다섯 자녀를 모두 바르게 키우려고 애쓴 분이었다. 또 그에게는 버지니아주 햄프턴에서 농구 선수로 높은 기량을 보여준 데 이어 메릴랜드대학교에서도 주전으로 뛰었지만 두 번의 무릎 수술로 오랜 꿈이었던 NBA 선수 생활이 좌절된 경험도 있다. 그에게는 엄청난 역경이었음이 분명하지만 이 일은 결국 그를 더 강인하고 더 지혜롭게 만들어 줬다.

하워드는 이를 비롯한 풍부한 경험과 독특한 시각을 바탕으로 자신이 배운 교훈을 전달하기 위한 이 책을 썼으며 그 핵심에는 모든 사람이 찾는 것, 바로 '인생의 지혜'가 담겨 있다.

필 나이트Phil Knight

나이키 최고경영자, 회장, 의장

머리말

15년 전쯤 내 딸 맨디에게 줄 편지로 시작했던 글이 이 책의 핵심 아이디어가 됐다. 내 어머니가 그랬듯, 내가 어떻게 지금의 자리까지 왔는지 내 인생의 청사진을 딸에게 주고 싶은 마음에서 쓴 글이었다.

그로부터 시간이 한참 흐른 지금 나는 딸아이와 그 애가 달성한 많은 성과를 대단히 자랑스럽게 생각한다. 맨디는 고등학교에 가서 육상 선수로 활동하며 놀라운 성적을 거뒀다. 졸업반 때는 오리건주 육상대회에서 MVP로 선정되기까지 했다. 100미터와 200미터 경주에서는 신기록도 세웠다. 400미터 계주 팀에서도 뛰었고 멀리뛰기에도 출전했다. 오리건대학교에 진학한 뒤에도 그 대학 선수 최초로 올아메리칸All-American 100미터 종목 선수로 뽑혔다. 더 중요하게는 대학을 무사히 졸업했으며 무엇보다 매우 친절하고 사려 깊은 사람으로 자랐다. 현재 딸은 직업 선수로 활약하고 있고 2016년 올림픽 선발전에서 준결승까지 진출했다.

'믿음'은 딸의 성장과 그간의 모든 성공에 강력하고 긍정적인 영향을 미쳤다. 맨디는 혼자 힘으로 거기까지 간 게 아니다. 나 역시 혼자 힘으로 지금의 위치에 온 게 아니다.

오래전 1950년의 얘기다. 내 어머니 릴리언이 갓난아이인 나를 안은 채 노란색 택시를 타고 먼지투성이 길을 달려 집 앞에 내리면서 내 인생은 시작됐다. 형은 죽기 전에 뿌연 먼지에 휩싸인 택시 안에서 어머니가 갓난아이를 안고 내리던 광경이 기억난다고 했다. 그래서 그날부터 동생이 세상에 변화를 일으킬 인물임을 직감적으로 알아차렸다고 했다. 나는 지금까지 여러 번 이 얘기를 곰곰이 생각해 봤다. "왜 나야?"라고 자문하기도 했다. 내가 해온 많은 일을 두고 어떤 사람들은 훌륭하다고 한다. 어떤 사람들은 내가 그들의 인생을 바꿔놨다고 한다. 지금 생각해 보면 모두 먼지를 일으키며 택시를 타고 집으로 온 그날부터 시작된 일이었다.

나는 일생 운이 좋았고 그래서 많은 것을 배울 수 있었다. 언제나 스승이 있었다. 언제나 길을 보여준 사람이 있었고 그들은 내가 혼자 생각할 수 있는 것보다 훨씬 크게 볼 수 있도록 도와줬다. 나는 자문해 본다. 내가 누구 또는 무엇 덕분에 이른바 성공이라는 걸 할 수 있었을까? 누가 나를 이 멋지고 밝은 길로 들어서게 했을까? 정반대 길로 갈 수 있었던 적도 많았다. 우리는 매일 상반된 두 세력에 직면한다. 선택은 자신에게 달려 있다. 빛의 길을 선택할 수도 있고 어둠의 길을 선택할 수도 있다. 하지만 선택을 내릴 수 있는 사람은 자기 자신뿐이다. 선택의 결과를 감내하고 살아야 하는 사람도 자신이다. 감사하게도 내 곁에는 올바른 길을 선택하도록 도와준 사람들이 있었다.

얼마 전 나는 어머니가 내 스승이었음을 깨달았다. 살면서 내 인생엔 많은 스승이 있었지만 릴리언 M. 화이트가 내 진정한 스승이셨다. 어머니께서 여러 가지 거창한 가르침을 주셨던 것은 아니다. 아침에 침대 정리를 했는지, 내가 맡은 집안일을 했는지, 그런 소소한 것들을 매일 가르쳐 주셨다. 나는 어머니가 살아가는 모습을 그저 지켜봤다. 단순한 삶이었지만 어머니는 높은 긍지와 품위를 지니고 생활하셨다. 나는 꽃밭을 가꾸는 어머니의 모습을 지켜봤다. 이웃을 도와주거나 설탕 한 컵을 건네는 모습을 지켜봤다. 나는 그렇게 어머니에게서 내게 필요한 중요한 것을 배웠다. 그것은 우리에게 불어닥치는 모든 폭풍우를 헤쳐나가게 해주는 조용한 믿음에서 나온 온화한 위대함과 부드러운 겸손함이었다.

나는 어머니 덕분에 내 인생에 찾아온 다른 선생님들과 그분들의 가르침을 받아들일 수 있었다. 내가 얻은 가르침을 다른 사람들과 나눌 수 있었던 것 역시 어머니 덕이다. 나는 평생에 걸쳐 평범해 보이는 사람 안에 어떤 특별한 잠재력이 묻혀 있는지 목격해 왔다. 겉모습만으로는 한 사람의 역량을 결코 알 수 없다. 젊은이들의 경우는 특히 그렇다. 나는 나이키에 "성공을 믿어라Believe to Achieve"라는 프로그램을 설립한 후 전국 각지, 전 연령대 사람들에게 강연하러 다니면서 꿈에 대한 '열망으로 불타는' 이들을 만났다. 그러나 그들이 어떻게 하면 그 꿈을 실현할 수 있는지 항상 알고 있는 것은 아니었다.

나는 일련의 경험을 통해 어떤 일을 이루려면 거쳐야 할 과정이 있으며 자기 삶에 찾아오는 교훈과 기회에 유의하기만 하면 그 과정을 통과하는 게 어렵지 않다는 사실을 알게 됐다. 여기에는 몇 가지 기본 원칙이 작용한다. 먼저 인생의 전 여정은 원 형태로 순환하며 언제 어디서나 가르침을 얻을 수 있다. 원의 어느 지점이 됐든 당신은 어떤 힘의 작용으로 그때 있어야 할 그곳에 있는 것이다. 나아가 당신 행동이 당신과 주변 사람의 삶에 어떤 영향을 미치는지 알아야 한다. 우리는 모두 연결돼 있다. 우리가 우리 삶을 개선할 때 세상도 개선하는 것이며 역으로 세상을 개선할 때 우리 삶도 개선하는 것이다.

나는 다양한 집단을 대상으로 강연을 하면서 이 원칙들을 전달해 줄 개념이 뭘까 궁리했다. 그래서 나온 것이 '나도 전사And-I Warrior' 정신이다. 여기서 '나'는 자기 자신은 물론 자신과 모든 것의 관계를 통칭하는 개념이다.

사람들과 함께하는 나

될 수 있는 모든 것인 나

변화의 동인인 나

지도자인 나

전사인 나

나는 지역과 나이를 불문하고 사람들이 이 아이디어에 호응하고 또 그중 다수는 자신의 잠재력을 인식하고 성공의 길을 보기 시작하는 모습을 분명하게 목격했다. 내 사무실에는 이 원칙으로 인해 삶이 변화했으며 자신도 전사가 됐다고 감사를 표하는 어린이, 청소년 그리고 그들과 함께하는 사람들의 편지와 카드가 줄을 잇는다.

이 책《인생 설계자의 공식》은 이런 많은 사랑에 힘입어 개정·증보판으로 출간됐다. 내가 딸 맨디에게 전하고자 했던 꿈을 이루기 위한 인생의 설계도가 담긴 이 책은 성공한 삶을 살고자 하는 모든 사람을 위한 지침서다(여기서 성공한 삶이란 사람마다 다르게 정의된다). 처음에는 이 책을 1부와 2부로 나누어 썼다. 1부에서는 원하는 성공을 이룰 수 있게 해줄 공식들을, 2부에서는 앞선 공식들을 기반으로 성공적인 인생을 설계하기 위한 좀 더 본격적이고 깊은 얘기들을 담았다. 그리고 특별히 이번 개정·증보판에는 수

년간 독자에게 받은 피드백을 바탕으로 아동과 성인 집단에 이 책을 더 효과적으로 활용해 가르칠 방안을 담은 〈부록: 공식 적용하기-부모, 교사, 멘토를 위한 수업 지침서〉가 추가됐다.

이 책이 당신이 원하는 곳이 어딘지 깨닫게 해줄 뿐 아니라 그곳에 도달할 수 있게 해줌으로써 당신이 자신과 타인의 내면에 있는 잠재력을 알아보고 발휘할 수 있는 계기가 되길 희망한다. 그리고 당신은 결코 혼자가 아니라는 사실도 이해했으면 한다.

스승과 제자는 항상 존재한다.

당신이 어디로 가는지 알 준비가 됐는가?

당신도 전사의 길을 갈 준비가 됐는가 아니면

다른 길로 가도 되겠는가?

이 길에서 당신은 몸과 마음, 영혼을 단련할 수 있다.

순환의 원은 당신의 방패요, 세상을 막아줄 망토다.

원은 완전함을 나타낸다.

원은 총체성을 나타낸다.

시작점도 없고 끝도 없다.

나의 전사들이여, 나아가 세상을 변화시켜라.

이 책은 당신을 위한 안내서자 지침서다. 전사의 세상으로 들어가는 여권이다. 당신의 방패는 순환이며 무기는 마음이다. 세상을 변화시켜라! 나를 따라오든 나를 이끌든 반드시 세상을 변화시켜야 한다.

거울

_하워드 H. 화이트

오늘 아침 바라본 거울 속에는 내가 아닌

내가 있어야 할 곳, 낡은 농구대가 보였다.

비바람에 녹슨 낡은 농구대였지만

나는 농구대가 공을 던져보라고 불렀던 때를 아직 기억한다.

날씨가 춥든, 화창하든,

연습에 매진해야 했던 내게는 문제가 되지 않았다.

내가 이해할 수 없는 방식으로 말했지만

농구대는 내게 남자가 되는 법을 정직하게 가르쳐 줬다.

알고 있다,

이것이 농구 얘기로만 들릴 뿐 개인의 성장과는 상관없음을.

그러나 내내 하나에 몰두하면서 그것은 내 삶이 됐다.

무엇이 당신을 잠자리에서 일으키고

하루를 시작하게 했는가?

무엇이 당신의 꿈과 성공을 지켜줬는가?

꿈을 이루지 못했을 때 당신은 방황하기만 했는가?

아니면 다른 목표를 추구하도록 교훈을 얻었는가?

재능이 사라졌을 때 당신은 주저앉아 울기만 했는가?

아니면 사라진 재능 대신 다른 일을 시도했는가?

그 일이 똑같은 삶의 목적을 가르쳐 줬는가?

아니면 낡은 농구대만 떠올리며 번민하게 했는가?

만약 그렇다면 그건 아무런 가치도 없는 일이었다.

당신은 결국 농구공만 볼 것이므로….

추구할 꿈이 아니라 끝없이 공만 바라볼 것이므로.

꿈은 꿈꾸는 사람을 위한 것일 뿐

감히 내가 말할 수 있는 것이 아니므로.

그러나 거울을 응시한 내 눈에 들어온 것은…

나라는 사람을 정의하는 노력과 꿈이었다….

나는 성공을 바라기만 하는 몽상가가 아니다.

성공을 하기 위해 나는 믿음을 가져야만 했다.

오늘 아침 거울 속에서 본 것은 내가 아니라

농구대에 붙은 성공에 대한 믿음이었다.

성취 가능한 내 꿈을 거기서… 볼 수 있었다.

성공에 대한 믿음이 지금의 나를 만들었다.

인생 설계자의 공식
차례

추천의 글 _ 006

머리말 _ 008

거울 _ 016

1부
인생 공식 이해하기

1부 들어가기 _ 024

1장 **비전** _ 028
당신이 특별하다는 인생의 진실에 귀 기울여라

2장 **목표 설정** _ 034
목표를 적어 매일 볼 수 있는 곳에 두라

3장 **실행** _ 042
전력을 다하지 않으면 얼마나 잘할 수 있는지 알 수 없다

4장 **최선의 노력** _ 050
인생의 손을 잡고 당신이 원하는 곳으로 인도하게 하라

5장 **책임감** _ 058
어떤 행동을 하든 그에 대한 책임을 지라

6장 **변화** _ 066

원하는 대로 흘러가지 않는 일이 있다면
그 속에 숨겨진 선물을 찾아보라

7장 **멘토** _ 074

조언을 구하고 그들이 인도하는 길을 따르라

8장 **경기 규칙** _ 080

경기에서 규칙을 모르는 사람은 우위를 차지할 수 없다.
인생도 그렇다

9장 **강인함** _ 086

가장 달콤한 열매는 덤불 한가운데 있다

10장 **신념** _ 096

자신이 옳음을 믿어라

학습 정리 _ 107

단 한 사람이라도 _ 108

2부

인생 설계하기

2부 들어가기 _ 112

11장 **마음의 힘** _ 128
당신이 생각하는 자기 모습이 곧 당신임을 기억하라

12장 **영혼** _ 140
꽃을 피우는 경이로운 힘은 당신 안에 있다

13장 **사랑** _ 156
더 많이 사랑할수록 더 크게 성장한다

14장 **열정** _ 166
이 문이 닫히게 하는 요인은 오직 하나, 두려움이다!

15장 **명예** _ 178
굳건하고 확고한 기반은 자기 자신을 지켜준다

16장 **성공** _ 194
성공하는 데 정해진 길은 없다

17장 **순환** _ 206
모든 것을 연결해 주는 힘을 믿으라

목표 정하기 _ 223

맺음말_《인생 설계자의 공식》의 영향력과 미래 _ 224
부록_공식 적용하기: 부모, 교사, 멘토를 위한 수업 지도안 _ 229
감사의 글 _ 271

1부

인생 공식 이해하기

자신이 어디로 가고 있는지 모른다면 길이 이끄는 대로 가게 될 것이다.

내 어머니는 우리에게 "자신이 어디로 가고 있는지 모른다면 길이 이끄는 대로 가게 될 것이다"라고 말씀하시곤 했다. 당신도 이 말을 생각해 봤으면 한다. 당신 삶이 어디로 가고 있는지 아는 것은 중요하다. 당신이 원하는 길을 알면 20분이면 도착할 곳을, 길을 모르면 20년이 지나서야 도착할 수도 있기 때문이다.

나는 대학에 다닐 때 〈석세스 언리미티드Success Unlimited〉라는 잡지에서 라마 헌트Lamar Hunt(프로 미식축구 팀 캔자스시티 치프스의 구단주_옮긴이)의 인터뷰 기사를 읽은 적이 있다. 그의 아버지인 해럴드슨 라피엣 헌트Haroldson Lafayette Hunt는 백만장자가 되기도 쉽지 않은 시절에 억만장자가 됐다. 인터뷰를 진행한 기자는 헌트에게 그의 아버지가 어떻게 그렇게 많은 재산을 모을 수 있었는지 물었다. 헌트는 "아주 쉬운 일이었습니다"라고 대답했다. 기자는 그런 많은 돈을 모으기가 쉬울 리 없다고 응수했다. 어떻게 수십억 달러를 모으기가 쉬울 수 있겠냐고 그랬으면 모두가 억만장자가 되었을 거라고 말이다.

헌트는 아버지의 평소 철학대로 하면 된다고 답했다. 첫째, 비전을 세워야 한다. 자신이 진정으로 원하는 게 무엇인지 아주 명확하게 알아야 한다. 둘째, 자신이 원하는 바를 이루기 위해 무엇을 희생할 의지가 있는지, 자신의 비전을 실현하기 위해 무엇을 기꺼이 포기할지 결정해야 한다. 마지막으로 그걸 실현하기 위한 일을 그냥 시작해야 한다. 이는 내가 청소년들에게 인용하는 나이키 슬로건 "그냥 해Just Do It"와도 일맥상통한다.

나는 젊은이들에게 강연할 때면 항상 해럴드슨의 얘기를 해주며 그들을 격려한다. 그의 얘기를 계속해서 하는 이유는 그가 말한 원칙이 효과가 있다고 진심으로 믿기 때문이다. 나는 나와 내 주변 사람의 삶에서 이 원칙의 효과를 여러 번 확인했다. 당신도 비전, 희생, 실행의 세 단계를 따른다면 진정으로 인생에서 원하는 것을 얻을 수 있다.

나는 해럴드슨의 철학을 수용하고 여기에 한 단계를 더 추가했다. 바로 자신이 달성하고자 하는 목표를 적어두고 그것을 기준점 삼아 앞으로 나아가는 것이다.

Believe to Achieve.
Just do it!
성공을 믿어라.
일단 시작하라!

1장

비전

**당신이 특별하다는 인생의 진실에
귀 기울여라**

●

당신에게 계획이 있고
이를 위해 노력할 의지가 있을 때
그것이 당신을 어디로 데려갈지는 아무도 모른다.

사람들은 종종 내게 지금까지의 성취를 어떻게 이룰 수 있었는지 묻는다. 지금의 내가 되기 위해 내가 가장 먼저 배워야 했던 건 야망을 갖는 법이었다.

8학년 때 인종차별 철폐 정책이 시행되면서 학교들이 통합되기 시작했다. 우리 동네 아래쪽에 있던 케커탄고등학교Kecoughtan High School는 방과 후에도 문을 열어놓았다. 예전에는 백인만 다니는 학교였지만 이제 누구나 다닐 수 있게 된 학교였다. 어느 날 오후 나는 친구 몇 명과 자전거를 타고 그 학교로 갔다. 체육관에는 백인 4명이 있었다. 그들은 우리에게 함께 농구를 하자고 제안했다.

그런데 이들의 농구 방식은 우리 동네 방식과는 상당히 달랐다. 마치 다른 두 경기를 보는 것 같을 정도로 규칙이 판이했다. 우리는 농구를 할 때 코트 어디서든 공을 잡으면 슛을 쐈다. 그들은 자유투 라인 뒤로 가서 슛을 던져야 한다고 했다. 결과적으로는 그들이 경기를 멈추고 우리에게 규칙을 설명해 주는 시간이 더 길었다. 그들의 방식은 우리 식보다 합리적이었다. 실제 코트에서 벌어지는 농구 경기 같았다.

시합이 끝나고 나서 그들 중 한 명이 나를 불러 세우더니 이름을 물었다. 자신은 케커탄고등학교 농구 코치인 짐 해서웨이라고 했다. 그러고는 오스카 로버트슨Oscar Robertson(NBA 역대 최다 트리플더블러로 득점, 리바운드, 어시스트 모두 능했던 원조 올라운드 플레이어_옮긴이)의 이름을 들어본 적이 있냐고 물었다. 나는 그의 이름을 못 들어본 사람이 누가 있겠냐고 생각하면서 "그럼요!"라고 대답했다. 당시 사람들에게 빅 오Big O를 아느냐는 질문은 요즘 사람들에게 마이클 조던Michael Jordan을 아느냐고 묻는 것과 같았다. 그러자 해서웨이 코치는 "내가 시키는 대로만 하면 너도 빅 오처럼 될 수 있어"라고 말했다.

나는 엉뚱한 방향으로 뛰어다니고 심지어 우리 골대에 골을 넣기까지 했다. 그런데도 이 백인 남자는 내가 빅 오처럼 될 수 있다고 했다. 얼마나 정신 나간 소리인가? 나는 그가 멍청하다고 생각했다. 그래서 나도 멍청한 척 해주기로 했다. 내게 손해일 건 없었으므로 그의 말을 듣기로 한 것이다. 그날부터 내게는 빅 오처럼 되겠다는 동기가 생겼다. 해서웨이 코치는 내게 농구 경기를 '생각하는' 법을 가르쳐 줬다. 드리블, 슛, 패스, 수비하는 방법을 가르쳐 줬다. 진짜 경기를 하는 방법을 가르쳐 줬다. 나는 결국 그가 재직하는 고등학교의 선수가 됐고 올아메리칸 선수로 선발됐다.

나는 농구 덕분에 대학도 4년 전액 장학금을 받고 다닐 수 있었다. 대학 시절에는 유니폼 등판에 이름을 H라고만 새겼다. 지금도 나를 아는 사람 대부분은 나를 H라고 부른다. 그 한 글자는 중학교 시절부터 내 원동력이었다. "내가 시키는 대로만 하면 너도 빅 오처럼 될 수 있어"라는 말이 아직도 생생하다. 농구를 그만뒀을 때도 빅 오처럼 되기 위한 노력은 특정 목표와 상관없이 내가 할 수 있는 최선을 다하는 것으로 계속됐다. 그 노력은 내가 뭐든 이뤄낼 수 있다는 사실을 알게 해줬다.

당신에게 계획이 있고 이를 위해 노력할 의지가 있을 때 그것이 당신을 어디로 데려갈지는 아무도 모른다. 필 나이트는 스테이션왜건 트렁크에서 시작한 사업을 350억 달러 규모의 회사로 키웠다. 그는 회계사였지만 운동화를 팔고 싶었다. 그래서 자동차 트렁크에 운동화를 싣고 다니며 팔기 시작했다. 그의 아버지는 미친 짓이라며 안정적인 직장을 그만두지 말라고 했지만 그에게는 비전이 있었다.

육상 선수였던 그는 선수들의 기량을 높여줄 신발을 만들고 싶었다. 그와 그의 모교 오리건대학교에서 그를 지도한 육상 코치 바우어만은 마찰력이 높은 운동화를 만드는 게 꿈이었다. 바우어만 코치는 어느 일요일 아침 아내의 와플 기계에 고무 배합물을 구워봤다. 그렇게 와플솔waffle sole이 만들어지고 첫 번째 와플솔 운동화가 탄생했다. 처음에는 일본산 타이거 운동화를 수입해 팔았던 필은 블루 리본 스포츠Blue Ribbon Sports라는 작은 회사를 설립했다. 그는 브랜드명을 사내 공모에 부쳤고 직원 중 한 명이 승리의 여신을 의미하는 나이키를 제안했다. 그의 회사에 딱 어울리는 이름이 아닐 수 없었다.

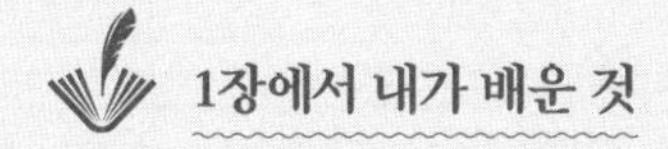

1장에서 내가 배운 것

마음속에 품고 그것을 향해 나아갈 수 있는 이미지가 필요하다. 우리 중 많은 사람은 운 좋게도 우리에게 특별한 점이 있다고 매일 말해주는 사람이 주변에 있다. 우리는 그 진실에 귀를 기울일 수도 있고 아니면 사방에서 쏟아지는 부정적인 말을 들을 수도 있다. 지금 당신이 날 수 있음을 나는 안다. 이제 날개를 퍼덕이기만 하면 된다.

…여정은 시작됐다!

2장

목표 설정

목표를 적어 매일 볼 수 있는 곳에 두라

가장 중요한 것은 꿈을 실현하기 위해
무엇을 희생할지
또는 무엇을 포기할지 정하는 것이다.

모지스 말론Moses Malone은 고등학교 졸업 후 바로 프로 팀으로 간 최초의 농구 선수였다. 고등학생 시절 모지스는 한 경기당 평균 36득점, 25리바운드, 12블록 샷을 기록했다. 어느 모로 보나 놀라운 선수였다. 메릴랜드대학교 농구부 코치였을 때 나는 모지스에게 우리 학교로 오라고 설득했다. 그는 대학과 계약하긴 했지만 실제로 경기를 뛰는 일은 없었다. 모지스는 내게 중학생일 때 고등학교 졸업 후 바로 NBA로 가는 최초의 선수가 되고 싶다는 소망을 적어뒀다고 말해줬다. 그리고 그 쪽지를 성경책 사이에 끼워두고 매일 그 목표를 달성하기 위해 노력했다고 했다. 나는 그의 말을 늘 기억했다. 모지스는 목표를 글로 적은 뒤 자신에게 아주 특별한 곳에 두고 언제고 들춰 볼 수 있게 했다.

인생에서 확실한 한 가지는 누구나 원하는 게 있다는 사실이다. 모지스처럼 명확하게 알지는 못하더라도 사람들은 뭔가를 원하고 특별한 사람이 되고 싶어 하며 그에 대한 욕망으로 괴로워한다. 그러나 자신에게 특별함이 어떤 의미인지는 오직 자신만 정할 수 있다. 이는 많은 사람에게 어려운 일이다. 대부분은 자신의 목표에 도달할 방법을 모르는 듯 보인다.

해럴드슨이 말했듯이 가장 먼저 해야 할 일은 비전을 세우고 이를 명확히 이해하는 것이다. 목표를 정하지 못했다는 말은 사실상 자신이 정말로 뭘 하고 싶은지 또는 정말로 뭐가 되고 싶은지 모르겠다는 말과 같다. 현실적인 목표를 설정하려면 다음 사항을 염두에 두라.

- 너무 거창하게 시작하지 않는다. 궁극적 목표는 원대할 수 있지만 계획은 그 목표에 한 단계 한 단계 다가가도록 세워야 한다. 나는 빅 오처럼 되고 싶었을 때 당장 그 주에 신시내티 로열스에 가서 테스트를 받겠다는 계획을 세우지 않았다. 대신 내가 속한 팀을 위해 기량을 높이려고 스스로를 채찍질했다.
- 자신이 진정 뭘 원하는지 생각해 본다. 당신에게는 무엇이 중요한가? 사람들을 돕는 것인가? 아무도 하지 못한 일을 해내는 것인가? 자신이 동경하는 사람의 발자취를 따르는 것인가? 건성으로 대답하거나 피상적인 대답에

그치지 않도록 하라.

- 자신이 뭘 잘하는지 생각해 본다. 아마 당신이 친구들보다 조금이라도 잘하는 일이 있을 것이다. 혹은 당신이 좋아하고 큰 기쁨을 느끼는 일이 있을 것이다.

당신을 모지스처럼 만들어 줄 두 번째 단계는 바로 목표를 적어두는 일이다! 그리고 필요할 때 찾아볼 수 있는 장소에 두기만 하면 된다. 이상한 주장 같겠지만 효과가 있는 방법이니 한번 시도해 보라. 시도도 해보지 않고 마는 것보다는 낫지 않겠는가.

세 번째로 해야 할 일은 꿈을 실현하기 위해 무엇을 희생할지 또는 무엇을 포기할지 정하는 것이다. 이는 꿈을 이루는 데 가장 중요한 부분이다. 어쩌면 가장 어려운 부분일 수도 있다. 많은 사람이 뭔가를 원하지만 정작 거저 얻을 수 있는 것은 없음을 깨닫지 못한다. 아무것도 포기하려 하지 않으면 원하는 바를 얻을 수 없다는 사실을 기억하라.

네 번째 단계는 꿈이 이뤄지게 만드는 것이다.

마지막으로 도중에 장애물을 만나도 낙담하지 않아야

한다. 모든 경험은 교훈과 함께 당신이 성장하고 목표에 한 걸음 더 다가갈 기회를 제공한다. 인생은 사실 장미꽃밭이지만 그곳에는 항상 가시가 있다.

나이키에 근무하는 한 친구는 열 살 이후로 받고 싶었던 생일선물이 오직 포르쉐뿐이었다고 했다. 누가 생일날 뭘 받고 싶은지 물어볼 때마다 그는 '포르쉐'라고 대답했다. 그간 많은 포르쉐 장난감과 모형을 선물 받았지만 진짜 포르쉐를 갖고 싶다는 그의 마음은 여전했다. 40세가 되는 생일날 그는 포르쉐를 샀다. 열심히 일하고 저축해 마침내 자신의 꿈을 이뤄줄 차를 갖게 됐다. 오랜 세월 갈망하고 마음속으로 그린 꿈이 드디어 결실을 맺은 것이다.

마음은 우주 만물 중 가장 강력한 것이다. 모든 일이 마음에서 시작되고 마음에서 끝난다. 이런 마음의 힘을 통해 당신의 진정한 꿈이 현실이 될 수 있다. 뇌의 능력은 어마어마하지만 우리는 그 능력의 극히 일부분만 사용한다는 사실을 곰곰이 생각해 보자. 나는 탁월한 성과를 내는 사람들은 다른 이들과 어떤 차이가 있는지 궁금했다. 그건 아마도 정신적인 영역의 일일 것이다. 사고력 없이는 자동차, 라디오, 도시 등도 없었을 것이다. 누군가는 이것들을 생각해 냈어야 했고, 누군가는 이것들을 꿈꿨어야 했다.

우리 중에는 생각이 떠올라도 그냥 흘려보내는 사람이 있는가 하면 생각이 떠오르면 그에 따라 행동하는 사람이 있다. 나는 이 책이 당신의 생각과 행동 모두를 자극해 주길 희망한다. 당신이 마음속에 떠오르는 생각을 행동으로 옮기는 사람이 됐으면 한다. 우리 다수가 겪는 문제는 자신이 진정으로 원하는 것에 주력하지 못한다는 점이다. 우리는 다른 사람이 해낸 일을 보고 "저건 나도 생각했던건데"라고 말한다. 그런 생각을 떠올렸다면 당신은 그 일을 해왔어야 한다. 위대해지려고 해보라. 행복해지려 한다면 더욱 좋다. 유럽까지 연결되는 다리를 건설하거나 화성과 교신을 해야 한다는 말이 아니다. 다만 아무것도 하지 않고 빈둥거리지 말라는 얘기다. 인생은 행동 계획이며 당신에게는 지금 그것을 행동에 옮길 도구가 있다. 여기서 핵심 단어는 '지금'이다!

내가 이루고 싶었던 가장 큰 꿈 중 하나는 나이키에서 조던 브랜드를 만드는 것이었다. 일반적으로 인생에서 가장 중요한 일은 아이디어에서 시작하며 이를 다른 사람에게 이해시켜야 한다. 하지만 처음에는 아무도 그 아이디어를 수용하려 하지 않는다. 사람들은 새로운 아이디어를 받아들이는 데 더딜 수 있기 때문이다. 라이트 형제는 사람이 날 수 있다고 믿었다. 사람들은 비웃었지만 그들은 많은 실패를 극복한 끝에 마침내 비행기를 만들어 냈다. 그들이 포기했다면 지금 어떻게 됐겠는가? 나는 에어 조던이 독자적인 브랜드가 될 수 있다고 생각했다. 하지만 그 아이디어를 믿는 사람은 많지 않았다. 나는 조던이 자신의 브랜드를 가질 수 있도록 싸우고 또 싸웠다. 약 5년이 걸리긴 했지만 결국 에어 조던 브랜드가 만들어졌다. 노력, 중심, 집중력, 믿음만 있다면 세상의 모든 일이 가능하다.

인생에 악영향을 미치는 것들은 딱히 종용하지 않아도 쉽게 받아들여지는 듯하다. 사람들은 나쁜 일을 찾아내는 경향이 있기 때문이다. 그들은 마약, 술, 안전하지 않은 섹스를 찾아다닌다. 그것들을 팔려고 할 필요조차 없다. 당신이 믿는 것들을 위한 길은 그보다 힘들다. 그렇다고 꿈을 잃으면 절대 안 된다. 사람들을 설득해야 할 수도 있지만 끈기만 있다면 그 꿈을 기꺼이 사줄 사람은 있다. 날개를 펴고 자신을 믿고 날라.

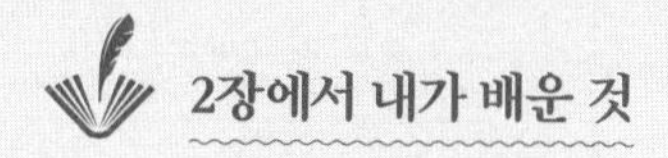

2장에서 내가 배운 것

목표 설정 계획을 검토해 보라.
명확한 비전을 가지라.
이를 위해 다음 단계를 밟으라.

1. 상상하라
   학교와 직장, 개인 생활에서 원하는 바를 생각해 보라.
   그런 다음 어딘가에 적어두고 당신이 꿈의 경로를 유지할 수 있게 하라.

2. 기록하라
   그리고 이를 이루기 위해 무엇을 포기해야만 하는지 결정하라.

3. 희생하라
   실행에 착수하라.

4. 실행하라
   삶이 던져주는 장애물을 걱정하지 마라.

5. 기억하라
   가시밭길도 있을 것이다.

3장

실행

전력을 다하지 않으면
얼마나 잘할 수 있는지 알 수 없다

●

한번 해보겠다는 마음으로는 안 돼.
하거나 하지 않거나 둘 중 하나지, 한번 해보는 건 없어.
요다, 〈스타워즈: 제국의 역습〉 중에서

희생

모든 사람이 뭔가를 원하지만 모두가 원하는 걸 얻으려면 양보하는 것 또한 있어야 한다는 사실을 받아들이지 않는다. 인생에 공짜는 없다. 여러 번 들은 얘기겠지만 이번이 처음이라면 한 번 더 말해주겠다. 인생에 공짜란 없다! 모든 것에 값을 치러야 한다.

간단한 얘기처럼 들릴지 모르지만 희생은 세상에서 가장 어려운 일 중 하나다. 사람들은 매일 비전과 꿈을 갖는다. 하지만 곧 뭔가를 이루려면 자신이 즐기는 일을 포기해야 한다는 사실에 직면한다. 보통 사람은 만족 지연 deferred gratification에 어려움을 겪는다. 대체로 사람들은 원하는 바를 당장 얻길 바란다. 시기가 적절한지 아닌지 개의치 않는다. 그들은 어쨌든 뭔가를 희생하고 있음에도 그 사실을 인식하지 못한다. 단기적 즐거움을 위해 장기적 만족 또는 행복을 희생하고 있다는 것 말이다. 이런 습관을 고칠 수 있다면 당신은 성공의 길로 나아가게 될 것이다.

나는 열심히 하면 좋은 성과를 얻을 수 있다는 사실을

보여주기 위해 이 책을 쓰고 있다. 목표를 주시하면서 자신에 대한 믿음을 잃지 않는다면 이루지 못할 일은 아무것도 없다! 이는 때로 평소보다 한 시간 일찍 일어나 숙제 또는 업무 프레젠테이션을 점검함으로써 그날 하루를 확실히 준비한다는 의미일 것이다. 때로는 사업에 필요한 장비나 기기를 살 돈을 모으기 위해 취미 활동을 포기한다는 의미일 것이다. 아니면 농구 슈팅 연습, 수학 문제 복습, 새로운 마케팅 전략 시도 같은 노력을 다른 사람보다 두 배로 열심히 한다는 의미일 때도 있을 것이다. 그러나 나중에 받을 상을 생각하면서 연습에 연습을 거듭한다면 자신이 원하는 모든 일에서 성공하는 데 필요한 습관을 기르게 될 것이다. 무슨 일이 일어나든 그에 대비할 방법을 통제하는 사람은 자기 자신이다.

노력

조던이 경기 마지막 순간 성공시킨 슛은 그가 처음으로 던져보는 슛이 아니었다. 그는 한번의 슛을 위해 수백만 번을 던졌다. 자라는 동안 뒷마당에서 연습했고, 훈련 시간 전후로 연습했고, 머릿속으로도 수없이 던졌다. 최고가 되려면 많은 연습과 노력이 필요하다. 당신 또한 지금 하는 일에 많은 연습과 노력을 쏟는다면 당신이 될 수 있는 최고가 될 것이다. 당신이 추구하는 일에 전력을 기울이지 않으면 당신은 당신이 얼마나 잘할 수 있는지 알 수 없다. 만약 세계 최고의 변호사가 되고 싶다면 법을 공부하고 판례를 익히는 데 다른 누구보다 많은 시간을 투자해야 한다. 훌륭한 의사가 되고 싶을 수도 있다. 그렇다면 봉합 연습부터 시작해 열심히 임상 수련할 뜻이 있어야 한다. 성공을 위해 노력해야 한다.

나는 나이키의 '성공을 믿어라' 세미나에 강연자로 갔다가 다른 연사 중 한 명인 피터 바이노Peter Bynoe의 강연을 들을 적이 있다. 피터는 체격으로는 세계 최고가 아니지만 경영 세계에서는 거물이다. 그는 NBA 농구 팀을 소유한 최초의 흑인으로 사람들을 모아 덴버 너겟츠Denver Nuggets를 사들였다. 모든 선수가 그를 좋아하고 그의 업적을 인정했다. 그는 세미나 참석자들에게 자신에게 가장 의미 있었던 일은 구단을 사들인 게 아니라 자격 있는 동료 흑인에게 단장이 될 기회를 준 것이었다고 말했다. 피터는 시카고 화이트삭스White Sox 홈구장인 코미스키 파크Comiskey Park를 건설한 사람이기도 하다. 이는 어떤 기준으로 보든 엄청난 업적이다. 그는 그때를 회상하면서 코미스키 파크를 지은 것도 좋았지만 그 사업을 위해 이주시켜야 했던 81가구에 새로운 집을 지어준 일이 가장 보람찬 부분이었다고 말했다.

그런데 내가 가장 관심이 간 부분은 피터가 청소년기에 자신이 학교에서 가장 똑똑한 학생은 아닐지 모르지만 무슨 일이 있어도 가장 열심히 공부하는 학생이 되겠다고 결심했다는 대목이었다. 지금 우리는 하버드대학교와 하버드 로스쿨을 졸업하고 하버드대를 포함한 여러 이사회에 이름을 올린 사람의 얘기를 하고 있다. 그런 그가 '나는 가장 똑똑한 사람일 필요는 없지만 여기서 가장 열심히 하는 사람이 되겠다'고 결심했다. 이는 우리 모두가 따를 수 있는 조언이다. 세미나가 끝난 후 나도 더 열심히 할 수 있을 것 같은 기분이 들었다.

당신이 해야 할 일이 무엇인지 찾으면 삶에 대한 모든 열정과 열의를 그 일에 쏟아부어라. 이것이 바로 당신이 비범한 사람이 될 방법이다. 비범한 사람이란 열망이 넘치는 평범한 사람일 뿐이다. 여기서 중요한 부분은 '넘치는' 열망이다. 그러니까 당신은 평범한 사람이어도 되지만 당신의 열망은 넘쳐야 한다.

습관

습관은 당신이 의식조차 하지 않고 일상적으로 하는 행동들이다. 어렸을 때 침대 왼쪽으로 올라가 누운 사람이라면 나이가 들어서도 왼쪽으로 올라가 누울 가능성이 크다. 습관을 바꾸기는 어렵기 때문이다. 습관 중에는 좋은 습관이 있는가 하면 나쁜 습관도 있다. 일반적으로 좋은 습관을 형성하기는 어렵지만 흡연이나 음주 같은 나쁜 습관은 사람의 기분을 좋게 해 쉽게 자리 잡는다. 하지만 애초에 나쁜 습관을 들이지 않는다면 고칠 필요도 없다. 좋은 습관은 어려서 기르는 것이 더 좋긴 하지만 나이에 상관없이 언제나 형성할 수 있다.

무엇을 개선하려 하든 그걸 습관으로 만들려면 노력이 필요하다. 새로운 뭔가를 한 달에 두어 번 해놓고 그것이 몸에 배길 기대할 수는 없다. 새로운 습관을 들이려면 끊임없이 부지런히 반복해야 하며 그런 후에야 비로소 그것이 삶에 영향을 미치길 기대할 수 있다. 그리고 그 과정에서 사기를 떨어뜨리는 부정적 메시지를 긍정적 메시지로 계속 대체해야 한다.

경고하건대 좋은 습관에 많은 시간을 할애한다 해도 당신에게 도움이 되지 않는 나쁜 습관을 유지한다면 아마 나아지는 건 전혀 없을 것이다. 도무지 예전 방식에서 벗어날 수 없다면 그때는 친구나 상담가, 동료, 가족에게 도움을 청해야 한다. 위업을 달성하는 모든 사람이 그 과정에서 도움을 받는다. 혼자서 모든 것을 할 수는 없더라도 자신을 도와줄 사람을 찾을 수는 있다.

어쩌면 가장 중요한 습관은 일을 바로바로 처리하는 습관일 것이다. 미리 준비하지 않으면 일정이 흐트러질 수 있기 때문이다. 마지막 순간까지 기다리지 말고 지금 하라! '나중에 하겠다'는 말로 미루지 말라. '나중'이 돼도 그 일은 끝나 있지 않을 것이다. 달력이 있지 않은가. 달력을 이용해 미리 계획하라. 일을 바로바로 처리할 때 당신이 가진 가장 중요한 것 중 하나인 시간을 통제할 수 있다.

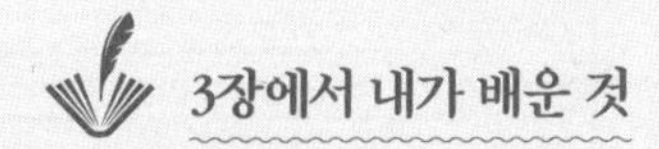

3장에서 내가 배운 것

꿈을 이루는 것은 당신에게 얼마나 가치 있는 일인가? 돈을 모을 만한 가치가 있는가? 또는 시간을 들일 만한 가치가 있는가? 목표에 좀 더 가까워지기 위해 매일 취할 수 있는 조치를 생각해 보라. 당신의 습관을 생각해 보라. 목표를 향해 가는 데 도움이 되는가?
희생은 어렵지만 당신의 인생을 특별하게 만들기는 사실 아주 쉽다. 명확한 목표를 갖고 목표 달성에 필요한 노력을 기울이기만 하면 된다. 그 길 곳곳이 파여 있고 도중에 펑크 난 타이어를 갈아야 할 수도 있지만 그래도 목표에 도달할 순 있다.

4장

최선의 노력

인생의 손을 잡고
당신이 원하는 곳으로 인도하게 하라

남보다 앞설 때도 있고
뒤처질 때도 있을 것입니다
인생이란 긴 경주며
결국에는 자신과의 시합이 될 것입니다
메리 슈미히Mary Schmich

일상에서의 태도

대학 졸업 직전 여름에 참가한 농구 경기에서 별명이 닥터 J였던 위대한 농구 선수 줄리어스 어빙Julius Irving이 내게 졸업을 했는지 아니면 졸업할 예정인지 물었다. 내가 곧 졸업할 거라고 대답하자 닥터 J는 말했다. "하워드, 가능한 한 빨리 학위를 받는 게 좋아. 농구를 그만두면 네 존재는 금방 잊힐 테니까."

그의 말을 마음에 새긴 나는 그 여름 학위를 취득했다. 그 무렵 드리셀 코치가 내게 메릴랜드대학에 부코치로 남을 의향이 있는지 물었다. 그는 이력서를 요구하지도 않았다. 내가 메릴랜드대학 코치가 돼야 하는 이유와 내가 채용돼야 하는 이유를 써 오라고만 했다. 나는 그전까지 코치가 되겠다는 생각을 한 번도 해본 적이 없었지만 그의 제안을 진지하게 생각해 봤다. 그리고 코치 일을 해보면 아주 좋을 것 같다는 결정을 내렸다. 내가 메릴랜드대학 농구 팀에 기여할 수 있다는 생각도 들었다.

그렇게 나는 메릴랜드대학 농구 팀 부코치 겸 교내 체육 프로그램 부감독이 됐다. 코치 생활은 즐거웠다. 나는 전국에서 가장 뛰어난 선수 일부를 스카우트했다. 그중에는 내가 본 고등학교 선수 중 최고였던 모지스 말론도 있었다.

나는 메릴랜드대학으로 데려올 만한 선수들을 만나 스카우트를 제안하고 그들이 어떤 사람이며 어떻게 해서 최고의 선수가 됐는지 알아가는 게 재밌었다. 그들이 어떤 가정 출신이고 그들을 그렇게 특별하게 만든 게 무엇인지에도 관심이 갔다. 대개 그 요인은 손에 잡히지 않았다. 피부 아래서 뛰는 그것을 측정하기란 사실상 무리였다. 바로 뜨거운 심장이었다. 뜨거운 심장은 스포츠에 국한된 것이 아니다. 어디서든 중요하다. 이는 자기 일의 주인공인 사람과 그저 들러리인 사람을 구분 짓는 요인이다.

몇 년 전 드리셀 코치가 내게 자신이 지도하는 조지아주립대학교 농구부 연회에 와서 연설해 달라고 부탁했다. 그가 나를 소개했을 때 나는 처음으로 그가 나를 메릴랜드대학 부코치로 고용한 이유를 듣게 됐다. 그는 내가 메릴랜드대학 농구 선수로 활약하는 동안 줄곧 나를 지켜보면서 내 근면성과 정직함 그리고 다른 선수들을 잘 따르게 하는 통솔력에 깊은 인상을 받았다고 했다. 그리고 공석인 코치

자리가 없었는데도 나를 정말로 코치진에 두고 싶었기 때문에 일부러 자리를 만들었다는 말도 했다. 드리셀 코치와 나는 모든 문제에서 의견이 일치하지는 않았지만 나는 그가 내가 믿는 바를 위해 싸울 사람임을 알았다. 나는 그가 내게 관심을 두고 있다는 사실조차 알지 못했는데 그는 내게서 내가 생각해 본 적도 없는 코치 일을 할 수 있는 자질을 알아본 것이다. 바로 이 지점에서 한 가지 교훈을 얻을 수 있다. 언제 어느 곳에서 사람들이 당신을 지켜보고 있을지 알 수 없다. 그러므로 항상 최선의 노력을 다하라.

긍정적 태도

최선의 노력을 다한다는 것은 사물의 가장 좋은 면을 본다는 뜻이다. 인생의 손을 잡고 당신이 원하는 곳으로 인도하게 하라. 당신에게 일어나는 일은 통제하지 못할 수도 있지만, 자기 삶을 어떻게 살지는 통제할 수 있으며 태도가 결과를 결정할 것이다. 당신의 태도는 세상에 대한 완충 장치다. 밝은 인생관과 긍정적 태도를 지니라. 쉽게 긍정적일 수 있는 일에 왜 부정적이려고 하는가? 긍정적 자세를 가지라. 아마 사람들도 당신의 긍정적 태도를 감지하고 똑같이 당신을 대할 것이다. 혹시 사람들이 긍정적으로 반응하지 않더라도 당신의 밝음을 빼앗기지 마라. 당당히 고개를 들고 앞으로 나아가라.

태도는 가장 중요한 삶의 자산 중 하나다. 간단히 말해 태도는 사물을 바라보고 그것에 다가가는 방식이다. 사물과 자신에게서 좋은 면을 보라. 당신은 자신이 하는 모든 일에 부정적으로 접근하는가 아니면 긍정적으로 접근하는가? 선택권은 당신에게 있다. 미소 짓는 얼굴은 찡그리는 얼굴보다 언제나 도움이 될 것이다. 다음 조언은 중요하니 꼭 기억하라. 당신이 누군가에게 첫인상을 남길 기회는 오직 한 번뿐이다. 그러므로 최대한 좋은 첫인상을 남기는 게 좋다. 상대방이 언젠가 당신에게 세상에서 가장 대우 좋은 직장을 제공할 사람일지도 모른다. 미래의 아내와 남편일 될 수도 있다. 인생을 밝게 바라보라. 돈이 드는 일도 아니지 않은가?

태도의 최대 장점은 당신이 언제나 지니고 있을 수 있다는 것이다. 무슨 일이 있든, 어디를 가든 당신은 원하는 태도를 유지할 수 있다. 조던은 은퇴를 번복하고 다시 농구를 했을 때 엄청난 도전에 직면했지만 이후 세 번 더 우승을 거뒀다. 그는 역경에 부딪히면 더 성장했다. 부정적 상황도 긍정적으로 보면서 자신에게 유리하게 만들 줄 알았다. 긍정적 태도는 세상과 세상 사람에게 도움을 준다. 부정적 태도는 세상은 물론이고 자신에게 더 큰 해를 끼친다. 세상을 발전시키느라 바쁜 사람은 세상에 실망할 일이 결코 없을 것이다. 자신의 세계로 들어오는 모든 것에 어떤 태도를 보일지는 스스로 통제할 수 있다.

당신의 인생이 물이 가득한 유리병이며 그 옆에 동전이 쌓여 있다고 생각해 보라. 동전은 긍정적 생각이며 당신은 물 대신 동전으로 물병을 채우고 싶다고 하자. 처음에 동전 하나를 넣었을 때는 병에 물만 가득하고 동전은 겨우 하나뿐일 것이다. 동전은 그대로 물병 밑바닥으로 가라앉아 거의 보이지도 않을 것이다. 하지만 매일 동전을 넣어 보라. 아침, 점심, 저녁으로 동전을 넣는다면 얼마 지나지 않아 동전이 물을 대체할 것이다. 동전을 계속 넣으면 물이 유리병에서 흘러넘치기 시작할 것이다. 그리고 결국 물은 하나도 남지 않고 유리병은 동전으로 가득할 것이다. 그러면 당신 삶에 긍정적 생각 외에 다른 것이 들어갈 공간은 남지 않게 된다.

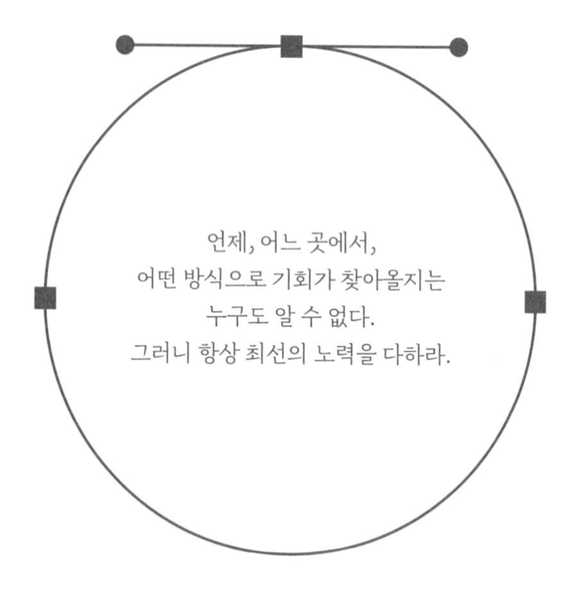

언제, 어느 곳에서,
어떤 방식으로 기회가 찾아올지는
누구도 알 수 없다.
그러니 항상 최선의 노력을 다하라.

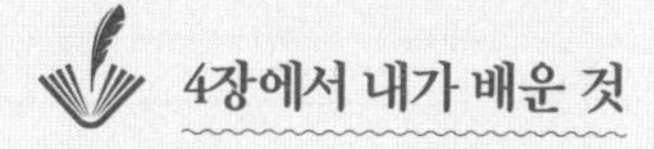

4장에서 내가 배운 것

언제 어디서 누가 당신의 자질을 알아볼지 모른다. 항상 최선의 노력을 다하고 최대한 좋은 인상을 남길 수 있도록 미소 지으라.

자신의 꿈을 부정적인 생각으로 대체하지 않도록 하라. 부정적 상황도 긍정적으로 보면서 당신에게 유리한 조건을 찾아보라. 경쟁의 장이 공평하지 않다면 가능한 한 모든 노력을 다해 당신에게 유리하게 바꾸라. 그게 쉬울 거라고 한 사람은 아무도 없다. 하지만 당신은 해낼 수 있다.

5장

책임감

어떤 행동을 하든 그에 대한 책임을 지라

나는 문제의 일부가 될 수도 있고
해결책의 일부가 될 수도 있다.

살다 보면 어떤 일이든 할 수 있지만 꼭 그에 대한 책임을 질 필요는 없다는 생각을 하게 되는 순간이 있다. 하지만 얼마 지나지 않아 그런 무책임한 행동의 영향은 다른 누구도 아닌 자기 자신에게 돌아온다는 사실을 깨닫게 된다.

나는 6학년 때 선도부였다. 밝은 오렌지색 선도부 벨트도 착용했다. 당시 담임이었던 홀 선생님은 매우 엄격한 분이셨다. 사실 나는 선생님의 신중한 감독 아래 선도부로 활동하는 게 자랑스러웠다. 우리는 양 떼를 지키는 목자였다. 하굣길에 건널목 안전 요원을 도왔으며 복도 순찰도 했다. 벨트는 우리에게 맡겨진 책임을 의미했다. 그리고 그 벨트는 내게 매우 중요한 인생의 교훈을 가르쳐 줬다.

어느 날 홀 선생님이 잠시 교실을 비웠을 때였다. 처음에 학생들은 조용히 자습했고 아무런 문제도 없었다. 그러다 한 남학생이 한 여학생을 큰 소리로 놀리기 시작했다. 그는 매우 부적절하지만 재밌기도 한 말로 여학생을 놀려댔다. 우리는 모두 키득거리며 웃었다. 하지만 모두가 즐거웠던 건 아니었다. 우리 대부분은 남학생의 말이 웃겨서 계속 웃었지만 그 여학생은 당황해 눈물을 글썽였다.

우리가 눈물이 날 정도로 웃어젖히고 있을 때 홀 선생님이 교실로 돌아오셨다. 그 즉시 모든 학생이 웃음을 그치고 자습하고 있었던 척했다. 그러나 선생님은 이상한 낌새를 바로 알아차리고 무슨 일이 있었는지 물으셨다. 여학생은 손을 들고 남학생이 자신에게 한 말을 그대로 옮겼다. 홀 선생님은 그 남학생을 교실 앞으로 불러내 아까 했던 말을 선생님께 그대로 해보라고 하셨다. 그는 쩔쩔매며 다른 말로 둘러대 보려고 했다. 하지만 결국 그에게는 벌이 내려졌다. 손을 자로 맞아야 했고 방과 후에 남아야 했다.

잠시 후 홀 선생님이 나도 앞으로 나오라고 하셨다. 선생님은 내가 뭐라 변명할 새도 없이 순식간에 내가 차고 있던 선도부 벨트를 잡아채셨다. 선생님이 자리로 돌아가도 좋다고 할 때까지 나는 바보처럼 멍하니 서 있었다. 모두가 아무 말도 하지 못하고 바라보기만 했다. 마지막에 비웃음을 산 사람은 나 같았다. 그 굴욕감이라니! 그건 6학년에게 죽음보다 더한 말로였다.

어떤 교훈은 평생 남는다. 당신은 문제의 일부가 될 수도 있고 해결책의 일부가 될 수도 있다. 그때의 나는 문제의 일부였다.

반응이 따르지 않는 행동이란 없다. 당신의 행동이나 생각은 우주 어딘가에 영향을 미친다. 행동의 결과가 곧바로 보일 때도 있고 그렇지 않을 때도 있다. 하지만 어떤 경우든 이를 모면할 수는 없다. 언젠가는 당신에게 돌아온다.

우리 행동을 다른 사람의 책임으로 돌리는 한 우리는 성장하지 못하고 정체된다. 우리는 부모, 후견인, 동반자, 친구, 동료, 그 누구의 책임도 아니다. 자기 자신에 대한 책임을 받아들이기 전까지는 인생의 어떤 것도 대비할 수 없다. 그렇게 청소년기에 접어든 사람은 책임감 있는 삶을 준비하지 못한 채 성인이 된다. 한 번도 스스로 책임져 본 적이 없다면 어떻게 책임 있는 사회인이 될 수 있겠는가? 자신의 행동에 책임을 지기에 너무 이르거나 너무 늦은 때란 결코 없다. 우리는 우리 우주의 주인이다. 즉, 우리 자신의 주인이다.

1996년 시카고 불스와 시애틀 슈퍼소닉스의 월드 챔피언십 5차전에서 있었던 일이다. 불스는 시카고에서 치른 처음 두 번의 경기에서 수월하게 이겼다. 그다음 세 경기는 슈퍼소닉스의 홈인 시애틀에서 열렸다. 시애틀에서의 첫 경기에서 불스는 꽤 많은 점수 차로 슈퍼소닉스를 이겼다. 그들은 자신감에 넘쳤다. 하지만 슈퍼소닉스는 네 번째 경기를 이긴 데 이어 다섯 번째 경기까지 가볍게 이겼다. 챔피언 결정전 직전까지 시카고 불스는 72승 10패의 성적을 거뒀는데, 이는 NBA 역사상 최고 전적이었다!

불스가 시애틀 경기에서 두 번째로 패한 후 시합을 위해 시애틀에 온 조던의 친구들이 모두 그의 호텔 방에 모였다. 대화는 건전하지도 긍정적이지도 않았다. 그 방에는 챔피언 결정전에서의 패배라는 상상 못할 일이 벌어지는 게 아니냐는 의구심이 감돌았다.

"다들 이기고 싶은 마음이 별로 없나 봐."

"수비를 제대로 하는 사람이 없어."

"경기를 제대로 하는 사람이 하나도 없어."

나는 순간 내 귀를 의심했다. 그리고 문득 선도부 벨트를 떠올렸다. 지금이야말로 문제의 일부가 될 수도 있고 해결책의 일부가 될 수도 있는 순간이라는 생각이 들었다. 나는 꽥 소리쳤다. "다들 미쳤군! 여러분은 이런 선수들을 72번이나 이겼어요! 이들은 달라진 게 없어요! 72경기를 이길 수 있었다면 한 경기 더 이길 방법을 분명 찾아낼 수 있을 거예요!"

불스는 시카고로 돌아가 치른 경기에서 이기면서 네 번째 NBA 챔피언 결정전에서 우승을 차지했다. 나는 부정적 대화가 계속되게 내버려 둘 수 없었다. 그런 대화가 계속되면 사람들이 그게 진실인 양 믿을 가능성이 있었다. 다행히 나는 홀 선생님께 배운 교훈을 기억하고 제때 행동했다.

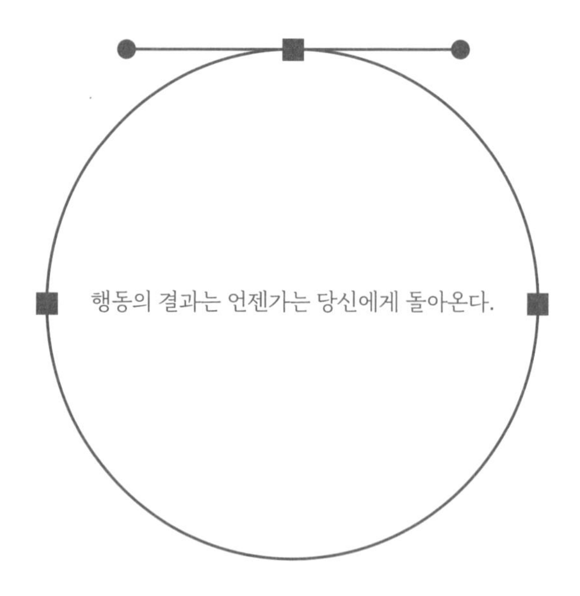
행동의 결과는 언젠가는 당신에게 돌아온다.

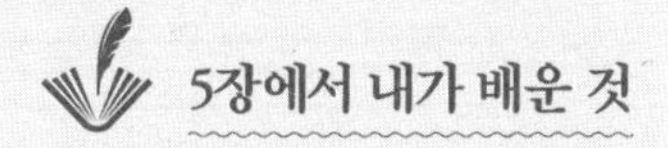

5장에서 내가 배운 것

아주 간단하다. 살면서 어떤 행동을 하든 그에 대한 책임을 지라. 당신이 한 일을 다른 사람의 책임으로 돌리지 말라. 그래야 변화를 가져올 기회를 얻을 것이다! 선택은 당신 몫이다. 당신은 문제의 일부가 될 수도 있고 해결책의 일부가 될 수도 있다.

6장

변화

원하는 대로 흘러가지 않는 일이 있다면
그 속에 숨겨진 선물을 찾아보라

●

당신 안에는 무엇으로 덮어두려 해도
뚫고 나오는 강력한 씨앗이 있다.
그러니 당신 자신이 꽃피게 하라.

수용

인생에서 확실한 한 가지가 있다면 모든 것은 변해야 한다는 사실이다. 머지않은 어느 순간 변화는 일어난다. 변화는 좋은 것이다. 변화의 수용은 대체로 개인적 또는 직업적 성장으로 이어지기 때문이다. 그러므로 최선의 방책은 변화를 긍정적으로 보고 다가가는 것이다. 하지만 사람들은 대부분 변화에 부정적으로 접근한다. 그러면 결국 변화에 지배당한다. 체스 판의 말이 되고 만다. 체스 경기의 대가가 되려면 변화를 긍정적으로 바라봐야 한다.

만약 당신이 감정을 통제하고 새로운 상황을 수용할 수 있다면 자신을 통제할 수 있을 것이다. 그리고 자신을 통제할 수 있다면 경주에서 훨씬 앞서게 될 것이다. 항상 기억하라. 변화는 온다. 당신이 이를 어떻게 받아들이는지에 따라 어디까지 변화를 받아들일 수 있는지 (또는 변화가 당신을 어디까지 데려갈지) 결정될 것이다.

중학교에 다닐 때 여자친구가 내게 함께 전학을 가자고 한 적이 있다. 여자친구 어머니가 그 애를 다른 학교로 전학시키려 했기 때문이었다. 새로운 학교에 가면 여자친구를 독차지하게 될 테니 좋을 듯했다. 내 어머니는 전학을 허락해 주셨다. 하지만 전학 간 첫날 여자친구의 모습은 학교 어디에서도 보이지 않았고 전에 다니던 학교와는 뭔가가 달랐다. 그곳은 학생의 98퍼센트가 백인이었다. 흑인 학생은 거의 없었다(정확히 말하자면 3명뿐이었다).

나는 하교 후 여자친구가 어디에 있었는지 알아보기 위해 전화했고 그 애가 다른 학교로 옮겼다는 것을 알았다! 정확히 어떻게 된 일인지 이해되지 않았지만 아무튼 이제 나는 쓸데없이 전학해 전교생이 거의 백인인 학교에 다니게 된 것이다. 어머니는 두 번이나 전학을 허락할 분이 아니었다. 꼼짝없이 백인 일색인 학교에 여자친구도 없이 다녀야 할 판이었다. 죽이 되든 밥이 되든 버텨야 했다.

이건 내 인생 최악의 변화였다. 처음에는 세상 근심 걱정을 다 짊어진 기분이었다. 하지만 나는 그 상황을 받아들이고 완전히 역전시켰다. 농구 팀에도 들어갔다. 선생님들은 내게 잘 대해주고 격려를 아끼지 않았다. 지금까지도 연락을 주고받는 멋진 새 친구들도 사귀었다. 9학년을 마치고 중학교를 졸업할 때는 '가장 인기 있는 학생'으로 뽑

히기까지 했다.

이 모든 것은 내 삶의 변화에서 비롯됐다. 나는 변화를 불평하고 내 인생 최악의 일로 만들 수도 있었지만 그러는 대신 변화를 수용하고 특별한 일로 만들었다. 나는 내게 함께 전학 가자고 부탁했던 그때 그 여학생에게 늘 고맙다는 말을 해주고 싶었다. 그 사건이 내 인생의 흐름을 바꿔 놓았기 때문이다. 내가 기적과 다름없는 길로 들어서게 해줬다.

통제

어떤 일은 통제할 수 있지만 어떤 일은 통제할 수 없다. 이는 변화에 관해 기억해야 할 또 다른 중요한 사실이다. 비전을 갖고 목표를 설정하고 이를 향해 나아가고 있는 도중에 상황이 바뀌면 처음부터 다시 시작해야 할 수도 있다. 학교 프로그램이 중지되거나 부상이 생겨 계획대로 활동하지 못할 수도 있다. 실망스럽겠지만 변화에 어떻게 반응할지는 언제나 당신이 통제할 수 있음을 기억해야 한다. 그리고 상황이 바뀔 때 거기에 맞춰 목표를 바꿀 수도 있다. 문 하나가 닫히면 다른 문이 열리는 법이다. 만약 변화를 받아들이고 자신이 통제할 수 없는 것에 연연하지 않는다면 끝내 자신이 상상할 수 있는 이상을 얻게 될 것이다.

중요한 것은 안주하지 않고 앞으로 나아가며 성공하든 못하든 상황을 탓하지 않는 자세다. 사람들은 흔히 돈 많은 스타는 인생이 쉬울 거라고 생각한다. 아니면 "그가 가진 만큼 나도 가졌다면 내가 하고 싶은 일은 뭐든 할 수 있었을 거야"라거나 "나는 그 사람처럼 기회를 잡지 못했어"라거나 "누가 기회만 줬다면 지금쯤 대단한 사람이 돼 있을 텐데"라는 말을 한다. 누구에게나 위대해질 기회는 있다! 스스로 기회를 만들면 된다. 설령 최악의 패를 받았더라도 말이다.

나는 당신에게 영감과 감동을 주기 위해 당신이 이미 잘 알고 있고 존경하는 운동선수의 사례를 많이 든다. 물론 타이거 우즈Tiger Woods, 신시아 쿠퍼Cynthia Cooper, 리사 레슬리Lisa Leslie, 매리언 존스Marion Jones, 마이클 빅Michael Vick 같은 선수 모두가 우리에게 영감을 불러일으킨다. 하지만 나는 이 외에도 각계각층에서 영감을 주는 사람들을 만났다. 최근에 만난 루디 가르시아톨슨Rudy Garcia-Tolson이라는 소년은 말이 아닌 존재를 통해 이 책의 주장이 정확했음을 내게 알려줬다. 루디는 약 14세의 나이에 훌륭한 인성을 보여준, 옆에 있으면 기분이 좋아지는 그런 아이였다. 조던이 그의 영웅 중 하나라기에 그가 나를 찾아왔을 때 나는 그가 조던과 통화할 수 있게 해줬다.

루디는 나와 헤어질 때 자신의 사진이 들어간 카드를 주면서 조던에게 전해달라고 부탁했다. 카드에는 이런 글귀가 쓰여 있었다. "MJ, 절대 포기하지 마세요!!!! 행운을 빕니다! 루디가." 14세 소년이 조던에게 절대 포기하지 말라고 하다니! 터무니없는 소리처럼 들리겠지만 그가 선천적 희소성 질환으로 양다리 절단 수술을 받았다는 사실을 알고 나면 생각이 달라질 것이다. 반바지 차림에, 의족에는 에어 조던을 신은 루디는 세상에서 가장 훌륭한 태도를 보여줬다. 게다가 멋진 유머 감각과 밝은 웃음으로 옆에 있는 사람까지 덩달아 기분이 좋아지게 했다.

더 놀라운 사실은 루디의 1마일 달리기 기록이 6분이 약간 넘는다는 것이다. 5,000미터는 20분 08초에 달릴 수 있다. 그는 체력 단련을 위해 5,000미터 수영을 하며 패럴림픽 평영 200미터 미국 기록 보유자다. 특수 제작된 자전거도 탄다. 그러니 그는 조던에게 절대 포기하지 말라고 말할 만하다. 도전에 관해서라면 정말 잘 알 테니 말이다. 루디는 우리가 누군지 또는 인생의 어디쯤 가고 있는지와 상관없이 도전이 우리 각자에게 달려 있으며 그런 정신은 우리 안에서 발휘될 순간만을 기다린다는 것을 보여줬다. 루디의 좌우명은 "용감한 마음이 강력한 무기다"이다. 그러니 말해보라. 당신이 못할 게 무엇인가? 우리 각자 안에는 무엇으로 덮어두려 해도 뚫고 나오는 강력한 씨앗이 있다. 그러니 당신 자신이 꽃피게 하라.

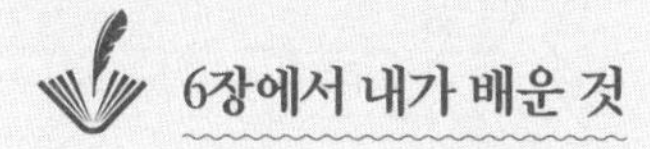

6장에서 내가 배운 것

설령 당신이 원하는 대로 흘러가지 않는 일이 있다 해도 숨겨진 선물을 찾아보라. 예기치 않은 일이 발생할 때 새로운 기회도 함께 생긴다. 멀리 볼 수만 있다면 흐린 날이라도 여전히 태양은 빛나고 있음을 알 수 있다. 태양이 구름 위 어딘가에 있으므로 당신은 찾기만 하면 된다. 변화를 수용하라, 그러면 독수리처럼 높이 날아오르는 삶과 꿈을 보게 될 것이다.

7장

멘토

조언을 구하고 그들이 인도하는 길을 따르라

그는 내게 영감을 주고 내게 특별한 재능이 있다고 알려줬다.
그가 왜 나를 믿어줬는지 모르지만 어쨌든 나를 믿어줬다.
이런 이들은 우리 가까이에 있다.
그들이 누구인지 알아보기만 하면 된다.

나는 직장 생활을 하면서 슈퍼스타나 세계적으로 유명한 CEO에게 멘토 노릇을 해왔다. 내가 멘토링을 해준 사람 중에는 유명한 사람도 있고 당신과 나 같은 보통 사람도 있다. 사람들이 내게 조언을 구하면 나는 그들이 길을 찾도록 인도해 준다. 그 이유는 그동안 많은 사람이 나를 도와줬으며 내가 배운 대로 전수해 주는 것이 얼마나 중요한지 알기 때문이다.

내가 2학년 때 낙제를 한 후 만난 본 선생님은 첫날부터 내게 기대하는 바를 분명히 하셨다. 내가 할 수 있다는 것을 선생님은 안다는 말씀도 하셨다. 그리고 8학년 때 전학간 학교의 영어 선생님은 내가 훌륭한 시인이라며 특별한 학생이라고 말씀해 주셨다. 해서웨이 코치는 내가 빅 오처럼 될 수 있다고 했다. 고등학교 때 영어 선생님들은 운동부가 아닌 일반 학생들과 똑같은 기준으로 성적을 주셨다. 그렇게 많은 분이 내 잠재력을 나보다 더 잘 알아봐 줬다. 그리고 그들은 나를 믿어줬다. 그들의 지속적인 지지와 격려 때문에 나는 그들을 실망시킬 수 없었다.

대학에 다닐 때였다. 어느 날 샬럿 리디Charlotte Leedy 박사가 강의가 끝난 후 내게 남으라고 했다. 그는 전 수강생의 관심을 끌 만큼 재능 있는 학생을 평생 딱 두 명 봤다고 했다. 한 명은 템플대학교에서 그의 강의를 들었던 필라델피아 출신 남학생이며 나머지 한 명은 나, 하워드 화이트라고 했다. 우리 두 사람 사이에 차이점이 있다면 그 학생이 필라델피아 출신이라는 사실뿐이라고 했는데, 그가 하는 말은 사람들이 잘 알아들었다는 것이다. 버지니아 출신인 나는 남부 억양이 강했다. 그래서 내가 하는 말을 사람들이 알아듣지 못할 때도 있었다. 리디 박사는 우리 대학에서 스피치 강사로 일하는 친구가 있는데 내가 그분의 지도를 받으면 좋겠다고 했다. 나는 박사님의 권유대로 했고 그 뒤로 내 말하기 능력은 크게 향상됐다(제가 스스로 알지 못했던 점을 알려주셔서 고맙습니다, 리디 박사님).

멘토링은 모든 연령대, 모든 분야, 모든 수준에서 이뤄질 수 있다. 해서웨이 코치가 내게 농구에 관한 모든 것을 알려줬다면 필은 내게 기업 문화를 속속들이 알려줬다. 그는 내가 수백만 달러가 왔다 갔다 하는 고위급 회의를 경험할 수 있게 해줬다. 기업이란 현실 세계에서 회사는 상어가 득실거리는 바다와 같아서 해변으로 헤엄쳐 가게 도와줄 수 있는 사람이 필요하다. 특히 미국 기업에서 흑인은 때때로 불리한 처지에 놓일 공산이 크므로 자신이 가진 능력을 전부 발휘해야만 한다. 필 같은 위상을 가진 인물에게 조언을 구할 수 있다면 손해 볼 게 없다.

하지만 책임자가 친구일 때 일하기는 더 어려워질 수도 있다. 당신이 친구 덕에 모든 일을 수월하게 처리하리라는 다른 사람의 기대 때문이다. 사람들은 당신이 친구에게 달려가 절차를 무시하고 일을 처리해 주길 기대한다. 하지만 인맥을 이용해 남보다 앞서려 해서는 안 된다. 당신은 항상 최선을 다해 그 사람이 당신을 자랑스러워하게 해야 한다. 해서웨이 코치가 얼마나 오랫동안 내 발전을 위해 애써줬는지 알고 있었기에 나는 늘 그에게 자랑스러운 사람이 되고 싶었다. 어머니께서 너무나 많은 시간과 노력을 기울여 나를 키워주셨으므로 늘 어머니에게 자랑스러운 사람이 되고 싶었다. 필도 마찬가지다. 내가 당신에게 이 얘기를 전달함으로써 당신도 '인식, 믿음, 성취'가 가능함을 깨달을 수 있도록, 그가 내게 알려줬다는 생각이 든다.

진정으로 자기 자신을 믿고 또 자신을 믿어줄 사람을 찾는다면 이 얘기가 당신에게 도움이 되리라고 생각한다. 인생에서 원하는 바를 마음속에 그릴 수 있다면 내면의 힘을 갖게 된다. 필은 나를 믿어줬다. 그는 내게 영감을 주고 내게 특별한 재능이 있다고 알려줬다. 왜 나를 믿어줬는지 모르겠지만 어쨌든 나를 믿어줬다. 나는 자신을 믿어주는 사람이 누구에게나 있다고 생각한다. 당신에게도 해서웨이 코치나 필 같은 사람이 있다. 이들은 이미 우리 가까이에 있다. 이제 그들이 누군지 알아보기만 하면 된다.

어느 날 나는 하와이에서 바닷가 오솔길을 걷다가 나무에 새겨진 아름다운 인물 조각상을 봤다. 단번에 눈길을 사로잡을 만큼 뛰어난 작품이었다. 수염을 기른 남자가 조각상 옆에 앉아 있기에 당신 작품이냐고 물어봤다. 그는 나를 바라보더니 자신은 나무 안에 있던 형상을 나오게 해줬을 뿐이라고 말했다. 인물의 형상이 줄곧 나무 안에 있었고 그가 드러나게 해줬다는 것이다. 그는 나무를 보면서 다른 사람은 보지 못한 뭔가를 알아봤고 그 형상을 꺼내줬을 뿐이다! 많은 사람이 아직 나무 안에 감춰져 있다. 다른 누군가가 그런 우리를 자유롭게 해주려고 한다. 그들이 우리를 끌로 깎아낼 수 있게 하자.

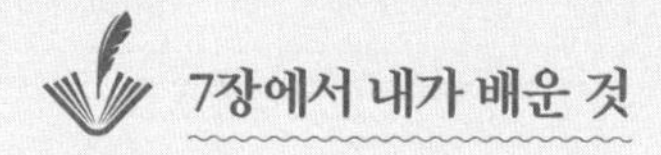

7장에서 내가 배운 것

당신에게 멘토링 해줄 사람을 찾아라. 교사나 코치, 성직자, 직장 동료, 숙모, 삼촌이 당신의 멘토가 돼줄 것이다. 멘토는 당신이 존경하는 사람, 당신이 우러러보고 조언을 구하는 사람이다. 그들은 당신에게 다른 시각을 제시할 능력이 있다. 긍정적인 사람을 찾으라. 그들을 통해 긍정적인 영향을 받고 사기를 높여라. 멘토는 어디에나 있다. 당신의 멘토에게 귀를 기울이라!

8장

경기 규칙

**경기에서 규칙을 모르는 사람은 우위를 차지할 수 없다
인생도 그렇다**

●

삶을 능동적으로 익히는 학생이 되라.
가능한 한 모든 것을 배우라.
매일 스스로 침대 정리하기는 인생의 규율을 익히는 첫걸음이다.

규칙

인생은 경기다. 경기를 잘 치르고 싶을수록 경기 규칙을 더 철저히 알아야 한다. 규칙을 잘 알기 전까지는 결코 자신의 잠재력을 완전히 발휘하지 못할 것이기 때문이다. 타이거 우즈, 르브론 제임스Lebron James, 리사 레슬리, 세레나 윌리엄스Serena Williams… 당신의 영웅이 누구든 그들은 자기 종목의 규칙을 속속들이 잘 알고 있다고 장담할 수 있다. 많은 사람이 사상 최고의 농구 선수라고 하는 조던은 농구 규칙을 훤히 꿰고 있다. 그는 심판처럼 경기 규칙을 공부했다. 아슬아슬하게 파울을 피하려면 규칙을 잘 알아야만 했기 때문이다. 사업에서도 한계를 벗어나지 않는 적정선이 어딘지 알아야만 한다. 남들과 다른 것은 괜찮지만 경계가 어딘지는 알아야 한다. 디온 샌더스Deion Sanders는 미식축구 역사상 가장 뛰어난 코너백 중 한 명이었다. 그는 재능만 있었던 게 아니라 자신이 뭘 할 수 있고 뭘 할 수 없는지 정확히 알고 있었다. 이는 그가 재능을 최대로 발휘할 수 있게 해줬다. 만약 실수를 범하면 그 실수를 분석해 다음에 같은 실수를 피할 방법을 알아냈다.

규칙이 없는 세상은 어떨까? 그런 세상에서 살면 재밌을까? 내 생각에는 부자와 권력자만을 위한 세상이 될 것 같다. 중산층은 사라질 것이다. 당신은 전부를 갖거나 아무것도 갖지 못할 것이다. 당신은 부자와 권력자를 위해 일할 수밖에 없으며 그들은 내키는 대로 당신을 대할 것이다. 그런 세상이 즐거울까? 나는 그렇게 생각하지 않는다. 규칙은 모든 사람에게 중요한 존재가 될 기회를 준다. 사람들은 규칙을 배워 경기력을 향상하기 위해 노력할 수 있다. 규칙이 없다면 경기가 어떻게 될까? '혼돈'이라는 단어가 떠오른다.

인생은 행군 악대와도 같다. 당신은 개인 연주자기도 하지만 악대와 보조를 맞추기도 해야 한다. 당신은 드럼 연주자로 멋진 연주법을 뽐낼 수 있지만 그래도 행진 연주의 규칙을 알고 있어야만 한다. 선두에 서는 지휘자가 되고 싶다면 다른 대원들의 연주를 열심히 익혀 전체적으로 멋진 협주가 되도록 이끌어야 한다. 다리를 위로 쭉 뻗는 묘기를 보여주더라도 다른 대원들과 발을 맞춰야만 한다. 세상과 보조를 맞추려면 규칙을 따라야 한다. 규칙을 알고 있다면 정확하고 우아하게 경계를 지키며 자신이 아는 것보다 더 잘할 수 있다.

규율

이 책의 핵심이자 내가 정말로 중요하다고 믿는 행동이 있다. 바로 매일 아침 침대를 정리하는 간단한 일이다. 당신이 내 딸 맨디와 같다면 "왜요?"라고 물을 것이다. 침대 정리는 집과 세상을 더 나은 곳으로 만들기 때문이다. 하지만 더 중요한 이유는 그것이 좋은 습관이기 때문이다. 침대 정리는 규율이고 규율은 삶의 중요한 부분이다.

두 마리 개에 관한 얘기를 생각해 보자. 첫 번째 개는 강아지 시절부터 아주 자유롭게 살았다. 주인은 개가 뭐든 원하는 대로 하게 놔뒀다. 가구에 뛰어올라도 그냥 뒀다. 손님이 찾아오면 개가 달려들었다. "안 돼"라는 말을 들을 때도 있었지만 제재를 받지 않을 때도 있었다.

두 번째 개는 강아지 시절부터 꾸준히 훈련을 받았다. 가구에 올라가는 행동은 허용되지 않았다. 집으로 찾아온 손님에게 달려드는 행동도 허용되지 않았다. 쉽지 않았지만 두 번째 개 주인은 책임지고 강아지에게 이 모든 행동이 습관이 될 때까지 확실히 가르쳤다. 한번 "안 돼"라고 했을 때는 절대 허용하지 않았으며 잘못된 행동은 그때그때 바로잡아 줬다. 두 번째 개 주인 노릇 하기가 훨씬 어려웠다. 강아지가 지켜야 할 행동을 가르치는 데 그의 시간이 전부 쓰이는 듯했다.

시간이 흘러 두 강아지 모두 성견이 됐다. 첫 번째 개는 강아지 때만큼 자유롭지 못했다. 녀석은 자주 맞았지만 여전히 주의를 기울이지 않았다. 이제 덩치가 너무 커져서 가구에 올라가지는 못했다. 밖에 나가면 말을 듣지 않고 달아났다. 그래서 첫 번째 개는 대개 우리 안에 갇히거나 목줄에 묶인 채 지냈다.

두 번째 개는 말을 잘 들었다. 녀석은 주인과 공원에서 뛰어놀았다. 말을 잘 들었으므로 실내에 머물렀다. 얌전히 목줄을 매고 다녔으므로 오랫동안 산책을 했다. 강아지 시절 자유를 맘껏 누렸던 첫 번째 개는 성견이 돼서는 사실상 자유가 없어졌다. 강아지 시절 규율을 잘 익힌 두 번째 개는 계속 많은 자유를 누렸다.

인생도 이와 같다. 규율을 익히면 다른 기회들이 생긴다. 매일 스스로 침대 정리하기는 인생의 규율을 익히는 첫걸음이다.

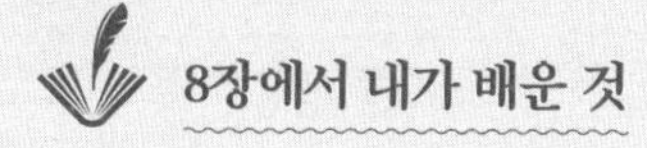

8장에서 내가 배운 것

삶을 능동적으로 익히는 학생이 되라. 가능한 한 모든 것을 배우라. 경기 규칙을 모르면 우위를 차지할 수 없다. 아침에 침대 정리하기가 출발점이다. 규율이라는 토대가 새로운 지평을 탐색할 수 있는 자유를 줄 것이다.

9장

강인함

가장 달콤한 열매는 덤불 한가운데 있다

인생은 늘 장미꽃밭이 아니며 그래야 하는 것도 아니다.
가시밭도 있기 마련이다.

견디는 힘

자동차 경적이 길게 울렸다. 우리는 무슨 일인지 보려고 밖으로 나갔다. 집 앞에 아버지 차가 세워져 있었고 아버지는 운전대에 엎어져 있었다. 피가 보였다. 어머니는 아버지가 아직 숨을 쉬고 있음을 확인하고 우리에게 집으로 모시고 들어가자고 했다. 우리가 아버지를 모셔오자 어머니는 아버지를 치료하기 시작했다. 아버지는 총을 쏜 작자에게 앙갚음하겠다며 다시 밖으로 나가려 했다. 어머니는 매우 침착했고 아버지의 말을 들은 척도 하지 않았다. 총알이 옆구리를 관통한 까닭에 상태가 그리 심각하지는 않았다. 어머니가 아버지의 상처 치료를 끝냈을 때는 마침내 아버지도 진정해 더는 밖으로 나가려 하지 않고 잠자리에 들었다.

어머니는 언제나 남다른 강인함을 보여줬다. 나는 평생 어머니가 불평하는 모습을 한 번도 본 적이 없다. 아버지가 우리를 떠나고 나서 어린 시절 기억이 가장 많은 집을 떠나야 했을 때조차 불평하지 않았다. 썩 좋은 집은 아니었어도 친구들과의 추억이 있는 곳이었다. 롤러스케이트를 타고 오르내린 골목길, 이른 아침 나선 낚시 여행, 교회에 가기 위한 외출, 일요일 저녁마다 했던 빙고 게임의 기억이 있는 곳이었다. 내가 열두 살 무렵 아버지는 집을 나가 동네 반대쪽에서 다른 가정을 꾸렸다. 우리는 이모들 집에서 얼마간 살다 공공임대주택으로 이사했다. 그럼에도 나는 어머니가 무슨 일로든 부정적인 얘기를 하는 것을 단 한 번도 듣지 못했다.

어머니의 삶에는 일과 가족이 전부였다. 어머니는 우리를 키우기 위해 많은 희생을 치렀다. 우리 가족이 시골로 이사했을 때 어머니는 버스 정류장까지 몇 킬로미터를 걸어 다녔다. 새벽같이 버스를 타러 나갔고 밤늦게 버스에서 내려 돌아왔다. 그런데도 늘 미소를 지었다.

어머니는 남의 집 청소를 해주며 생계를 꾸렸다. 단순한 분이었지만 누구보다 진실하고 정직했다. 특별한 말이나 행동을 해주실 필요는 없었다. 어머니가 살아가는 방식을 지켜보는 것만으로도 충분했다. 어머니는 살면서 어떤 일이 닥쳐도 강인함을 유지하는 법을 몸소 모범을 보임으로써 알려주셨다.

시험

인생이 우리를 시험하는 순간이 있다. 자신의 믿음이 뿌리째 흔들릴 때도 있을 것이다. 인생이란 본래 그런 것이다. 인생은 늘 장미꽃밭이 아니며 그래야 하는 것도 아니다. 가시밭도 있기 마련이다.

나이키에서 근무하던 어느 날 나는 그 가시에 찔린 적이 있다. 그것도 아주 심하게. 나는 필의 사무실로 불려갔다. 나이키 공동 창업자이자 최고경영자인 필 밑에서 12년째 일하고 있던 때였다.

필은 내 친한 친구에 관해 질문했다. 나중에 알고 보니 그건 실은 나에 대한 조사였다. 그는 특정 전화 통화와 아디다스로 이직한 직원에 관해 물었다. 그에게 불려갔다 온 후 나는 FBI 조사도 받아야 했다. 내 귀를 믿을 수 없었다. 나는 회사를 배신하고 경쟁사에 정보를 넘겼다는 혐의를 받고 있었다.

나는 늘 충직한 직원이었다. 필은 내 조언자이자 멘토였다. 내가 그런 사람과 그의 회사를 해치는 행동을 할 거라는 생각을 누가, 왜 했는지 묻지 않을 수 없었다. 내게 나이키는 그냥 거대 기업이 아니었다. 나이키를 생각할 때면 필과 페니 부부가 떠올랐다. 두 사람을 통해 나이키와의 관계는 사적인 관계가 됐다. 내게는 필과 페니가 곧 나이키였다. 그러므로 내가 나이키를 해하는 행동을 했다면 그들을 해하는 행동을 한 것이었다.

나는 FBI에서 수사하는 동안 휴직해야 했다. 전개되는 상황을 지켜보자니 심란하긴 했지만 아무 잘못이 없었으므로 떳떳했다. 아내는 내가 필에게 얼마나 충직했는지 잘 알고 있었기에 억울해했다. 하지만 그는 회사를 경영해야 했고 때로는 곤란한 일도 처리해야 했다. 그 사람의 입장이 돼보기 전까지는 그의 세계를 완전히 이해할 수 없는 법이다.

인생의 모든 일이 단순하지만은 않다. 평탄한 길에 도달하고 싶으면 도중에 울퉁불퉁한 길도 지나야 한다. 그 상황에서 불쾌하게 반응하기는 쉬웠을 것이다. 하지만 나는 그러는 대신 평생 배워온 교훈을 활용했다. 나는 이런 순간들을 잘 넘기도록 태어난 사람이었다. 이 상황은 사람들에게 내 강인함을 보여줄 기회였다. 나는 내 앞에 놓인 시험에 맞서면서 살아간다. 그렇게 맞서보지 않는다면 내가 얼마나 잘할 수 있는지 어떻게 알겠는가? 너무나 많은 사람이 내게 구하는 조언을 나는 과연 얼마나 믿고 있을까? 시험 준비를 평생 해왔다면 시험을 치르고 싶지 않을까? 때로는 가시밭 한가운데 있기가 힘들 수도 있다. 살갗이 긁히고 까지기도 할 것이다. 피를 조금 흘릴지도 모른다. 하지만 살아남을 것이다.

수사가 끝난 후 필은 조던의 영향력이 점점 강해지는 상황을 경계하는 차원에서 나이키 내 조던 세력인 나를 조사했다고 말했다. 필과 돈독한 관계인 내가 조사를 받았으니 불안해진 사람이 있었을 것이다. 모든 상황이 정리된 후 필은 이렇게 말했다. "더는 나이키에서 일하고 싶지 않다면 인류 역사상 최대 보상금을 받고 그만둬도 돼." 나는 그의 부탁으로 나이키에 왔는데 아직 그 일이 끝나지 않았다고 대답했다.

몇 년 전 국내선 비행기를 탔을 때였다. 승무원 중 한 명이 내가 나이키에서 일한다는 사실을 알고는 자신의 얘기를 들려줬다. 그는 몇 년 전 사고를 당했고 의사에게 다시는 걸을 수 없을지 모른다는 진단을 받았다. 그러던 어느 날 침대에 누워 텔레비전을 시청하던 그는 보 잭슨Bo Jackson(MLB와 NFL에서 동시에 뛰며 올스타전까지 진출한 선수_옮긴이)이

고관절 치환 수술을 받은 직후 찍은 광고를 보게 됐다. 광고 속 보가 텔레비전 밖으로 나와 광고를 보고 있던 한 소년에게 재활 치료를 받는 중이라고 말하는 내용이었다. 시간이 오래 걸리기는 했지만 그 승무원은 광고를 본 후 다시 걸어야겠다고 결심했다. 실제로 그는 걷는 것은 물론 달릴 수도 있게 됐다. 그리고 지금은 첫 10킬로미터 달리기에 도전하기 위해 훈련 중이었다. 이제 매일 달리기를 하는 그는 자신의 회복을 광고 덕으로 돌렸다. 엉덩이에 나이키 광고 문구인 'Just do it'도 문신으로 새겼다고 했다.

그런데 나는 여전히 나이키에서 일하고 있을까? 현재 나는 나이키 조던 브랜드 부사장이다. 나이키는 내 열정의 대상이며 나는 기회가 있을 때마다 이 열정을 사람들과 나누려 한다. 나는 우리 나이키 직원들이 사람들의 운동량을 늘리고 신체 건강을 증진하고 수명을 늘리고 생활 속 스트레스를 감소하는 일을 해왔음을 알고 있다. 이것이 내가 자랑스러워하는 나이키다. 내가 나이키에서 일해온 20년 동안 운동화나 운동복을 팔았던 적이 없다. 내가 판매한 것은 희망과 꿈이었다.

모든 귀중한 것은 뭔가에 의해 보호받는다. 아무나 가져갈 수 있게 드러나 있지 않다. 다이아몬드를 원한다면 캐야만 한다. 덤불 가장자리에 있는 열매는 누구나 가져갈 수 있다. 새도 따서 먹고 지나가던 사람 누구나 따 갈 수 있다. 반면에 보호받은 열매는 훨씬 맛있다. 과즙이 풍부한 큰 열매를 따려면 훨씬 힘이 들고 여기저기 긁힐 수도 있지만 수고할 만한 가치가 있을 것이다. 맛의 차이를 느껴보라. 나를 믿어도 좋다. 내가 바로 살아 있는 증거기 때문이다. 열매를 맛본 후에는 긁히고 까지는 것쯤은 개의치 않게 될 것이다. 가장 달콤한 열매는 덤불 한가운데 있다. 잘 찾아보라.

그럼에도 불구하고

항상 기억해야 할 중요한 사실은 인생의 강은 곳곳이 휘고 꺾여 있어 그런 험한 곳을 지나갈 수 있는 체력이 필요하다는 것이다. 뭔가를 하겠다고 결심했을 때는 포기하지 말라! 목표를 달성하기 위해 해야 할 일을 계속하라.

최악의 상황에 놓인 듯 보일 때도 종종 있다. 그래서 많은 사람이 인생이 험난하다거나 고통스럽고 불공평하다고 느낀다. 인생에서 만나는 가시들이 마치 자신을 베어버릴

날카로운 칼처럼 보인다. 아이러니하게도 우리 자신이 괴로우면 다른 사람을 괴롭히려 들 때도 간혹 있다. 상처를 입으면 상처를 주려는 것이 우리의 반사 행동이다. 솔직히 말해 인생이 항상 공정하지는 않다. 따라서 거친 구간을 통과하려면 생활 속 마법이 필요하다.

내가 힘든 시기를 지나올 수 있게 해준 마법의 말은 '그럼에도 불구하고'라는 두 단어였다. "내게 일어나는 온갖 일에도 불구하고 나는 목표와 꿈을 이룰 것이다. 그 어떤 것도 내가 마땅히 이뤄야 할 목표와 꿈을 막을 수 없을 것이다. 내 길을 가로막는 어떤 사람 또는 어떤 일에도 불구하고 나는 목적지에 도착할 것이다."

이것은 오래전 한 노인이 내게 해준 얘기다. 너무 오래전 일이라 그를 어떻게 알게 됐는지도 모르겠다. 하필 내게 이 얘기를 들려준 이유는 잘 모르지만 그분은 자신의 지혜를 내게 나눠줬다. 어쩌면 당신도 그 마법을 느낄 수 있도록 내가 이 책을 쓸 것임을 알고 있었는지도 모른다. 이 말은 셀 수도 없을 만큼 여러 번 내게 힘을 주었다. 그러니 당신에게도 마법처럼 통하리라 믿는다.

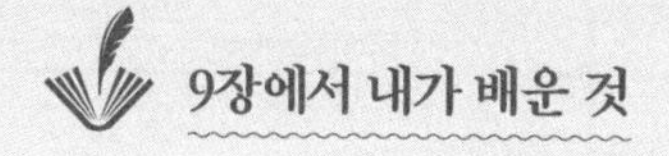

9장에서 내가 배운 것

마법을 쓰려면 마법의 두 단어, '그럼에도 불구하고'를 반복해야 한다. 삶이 강력한 일격을 가해올 수도 있지만 당신은 여전히 목표를 달성할 수 있다. 인생길은 크나큰 좌절을 견뎌낸 사람으로 가득하며 당신도 그럴 수 있다. 당신은 어떤 일이든 위엄과 용기를 갖고 헤쳐나갈 수 있다. 나는 당신이 앞으로 닥칠지 모를 어떤 장애물도 극복할 수 있음을 알고 있다.

10장

신념

자신이 옳음을 믿어라

먼저 믿음을 갖고 계획을 세우고 행동으로 옮겨야 한다.
마음속에서부터 그것이 가능함을 알아야 한다.

꿈을 믿어라

만약 딱 한 가지 일만 하면 원하는 것을 전부 얻게 된다고 한다면 당신은 그렇게 하겠는가? 그 하나는 바로 믿음을 갖는 것이다! 이때 중요한 점은 당신이 원하는 바를 알고 마음과 영혼을 다해 믿을 수 있어야 한다는 것이다.

조던은 차를 여러 대 소유하고 있으며 그 차 대부분에는 특별한 번호판이 붙어 있다. NBA 동부 콘퍼런스 파이널 1차전이 있던 날이었다. 시카고 불스는 NBA 챔피언 결정전 출전권을 놓고 인디애나 페이서스와 경기를 해야 했다. 조던과 나는 그의 페라리를 타고 경기장으로 출발했다. 페라리 번호판에는 'MJ5'라고 쓰여 있었는데 무슨 의미인지 알 수 없었다. 그래서 나는 MJ5가 무슨 뜻이냐고 물었다. 그가 나를 바라보며 말했다. "마이클 조던 챔피언십 5회 우승이지 뭐겠어요?" 경기 전 긴장을 풀기 위한 음악을 틀어놓고 운전하던 그가 갑자기 나를 바라보며 말했다. "MJ6도 이미 주문해 뒀어요." 건방진 말투가 아니었다. 그는 진심으로 그렇게 되리라고 믿을 뿐이었다. 이렇게 강한 믿음을 가진 사람은 드물며 열심히 노력해 그 믿음의 결실을 보는 사람은 더욱 드물다. 그는 실제로 챔피언 결정전에서 여섯 번째 승리를 거뒀다. 당신은 얼마나 강한 믿음을 갖고 있는가?

고등학생 시절 한 경기에서 하프코트 라인에 서 있던 나는 팀원인 에드로 피플스Edlo Peoples가 골대 밑으로 뚫고 들어가 팔을 드는 모습을 봤다. 팽팽한 접전이 이어지던 상황이라 관중들은 손에 땀을 쥐고 경기를 지켜보고 있었다. 경기 막판이었고 우리는 득점이 필요한 상황이었다. 나는 에드로에게 패스하려 했다. 그런데 공이 그대로 골대 안으로 들어갔다. 관중은 열광했다. "상황이 힘들 때 강인한 사람들은 더 강해지지"라는 심판의 말이 들려왔다. 그 말을 듣자 나에 대한 신임 투표를 받은 기분이 들었다. 코트에서 뭐든 할 수 있을 것만 같았다. 나는 이 말을 내 사고 연료로 활용해 왔다. 이 말은 내가 무슨 일이 있어도 맡은 일을 해낼 수 있는 사람임을 늘 일깨워 줬다.

자신이 옳음을 믿어라

'자기self' 개념은 자신에 대한 믿음과 무슨 관계가 있을까?

내게 이 개념은 한 사람이 아무런 꾸밈없는 스스로를 어떻게 바라보는지를 의미한다. 매일 거울에 비친 자기 모습에서 어떤 사람이 보이는가? 당신 마음에 들고 만족스러운 사람인가? 자기의 사전적 정의는 '다른 사람과는 별개인 그 사람 자신'이다. 당신의 자기 개념이 곧 당신이다. 당신이 누군지는 내면 깊은 곳에 있는 모습으로 요약될 수 있다.

핵심 자기core self와 연결돼 있을 때 무엇이 자신에게 최선인지 더 쉽게 경청할 수 있다. 자신에게 솔직한 한 당신은 언제나 올바른 선택을 할 것이다. 나는 고등학교를 졸업하면서 여러 대학에서 체육 특기자 장학금을 주겠다는 제안을 받았다. 거액을 제시하는 대학도 있었다. 돈이 없었던 당시 내게 그런 제안은 상당한 유혹으로 다가왔다. 그러나 내 고등학교 코치님은 내가 전국대회에서 우승할 가능성이 있는 대학으로 가야 한다고 조언했고 나도 동감했다. 우리가 대학 진학을 의논하면서 학업과 함께 고려한 것 중 하나가 그 부분이었기 때문이다.

나는 농구 선수 생활과 학비만 지원해 주는 대학을 선택했다. 모든 것을 고려해 볼 때 나는 내가 옳은 선택을 했다고 확신한다. 나는 내면의 목소리에 귀를 기울이고 옳다고 생각하는 결정을 내렸다. 결정을 내린 후에는 뒤돌아보지 않고 앞만 봤다. 우리 팀은 전국대회에서는 우승을 거두지는 못했지만 내가 3학년 때 뉴욕에서 열린 내셔널 인비테이셔널 토너먼트National Invitational Tournament(미국 대학스포츠연맹이 주관하는 전미 대학 농구 선수권 대회로 매년 64개 우수 대학 팀을 초청해 단판 승부의 토너먼트를 치른다_옮긴이)에서 우승했다. 나는 훌륭한 교육을 받았고 멋진 친구들을 만나 지금까지도 친구로 지낸다. 다른 대학의 제안을 떠올리면 큰돈을 포기했다는 생각이 든다. 하지만 내가 메릴랜드대학교에 진학하지 않았다면 나이키와 가족, 현재 가진 모든 것들로 이끌어 준 길을 결코 찾지 못했을 것이다.

잘못된 선택을 했다 하더라도 자신에게 정직한 한 배를 돌리기에 너무 늦은 때란 없다. 스스로를 속속들이 아는 사람은 자신뿐이다. 자신에게 귀를 기울이고 자신에게 최선인 길로 가라. 삶의 가능성에 귀 기울이길 절대로 멈추지 말라. 하늘을 바라보며 너무나 많은 가능성이 저기 있다고 말하길 멈추지 말라. 누군가는 우주선을 궤도에 진입시키고 다른 은하계에 착륙시킬 수 있다면 당신 안에는 훨씬 많은 가능성이 존재함을 알아야 한다. 무턱대고 행하는 것만으로 지금의 위치에 도달한 사람은 아무도 없다. 먼저 믿음을 갖고 계획을 세우고 행동으로 옮겨야 한다. 마음속에서부터 그것이 가능함을 알아야 한다. 언젠가는 당신도 포르쉐나 페라리를 몰 수 있을까? 가능하다!

자신이 특별함을 믿어라

우리 모두는 우리 자신이다. 다른 사람이 그 자신인 것처럼 나는 나 자신이다. 나는 다른 사람의 문화유산이 아니라 내 문화유산에 크게 의지한다. 이 주제를 책에 넣은 이유는 자신의 정체성을 부끄러워하는 일부 젊은이들의 때문이기도 하다. 특히 노예의 후손인 흑인 청년들은 자신을 부끄러워하거나 하찮게 느끼는 경우가 종종 있다.

이 책은 특정 집단의 인종 문제를 다루는 책이 아니다. 모든 사람의 자기만족감에 관해 얘기하려는 책이다. 누구도 당신의 정체성을 앗아가지 못하게 하라. 당신을 있는 그대로 수용하라. 자기 자신으로 사는 것만큼 중요한 일은 없다. 누구도 인종을 선택해 태어날 수 없다. 그러므로 검은색, 흰색, 살구색, 회색 등 피부색이 방해 요인이 되지 않게 하라. 당신보다 앞서 살다 간 사람들에게서 힘을 얻어라. 그들의 힘과 용기를 증언해라. 흑인은 모국에서 왕과 여왕이었던 이들의 후손이다. 우리 선조들은 파라오, 서기관, 고대 이집트 유적의 건설자였다. 어느 문화권에나 성공한 사람은 열거하기 힘들 정도로 많다. 당신이 우러러보는 영웅도 분명 많을 것이다. 이들이 고생 없이 손쉽게 성공의 사다리 꼭대기에 도달한 것은 아니다. 이들의 얘기는 성공이 어렵기는 하지만 달성할 수 있다는 의미로 받아들여져야 한다.

자신을 기운 나게 하는 일을 찾아 세상 끝까지 그 비전을 따르라. 있는 그대로의 자신을 당당히 수용하고 부지런히 탐색하라. 역사 속에서 영웅을 찾을 필요는 없다. 학교에 있는 사람, 동네 집배원, 옳은 일을 하는 지역사회 인물로 시선을 돌려도 좋다. 다른 사람의 마음속에서 대스타여야 인생의 대스타가 될 수 있는 것은 아니다. 긍정적으로 생활하고 다른 사람이 따를 수 있는 모범이 되라. 유색인종 또는 백인이라는 사실이 최선을 다하지 않을 핑곗거리가 되진 않는다. 가난하거나 부유하다는 것 역시 핑곗거리가 되지 않는다. 지금 당신의 됨됨이와 조건이 바로 당신이며 거기서부터 노력해 나가야 한다.

어느 노숙자에게 당신의 신원을 조회해 봤더니 당신은 노숙을 하며 지낼 사람이 아니더라고 말해준다면 어떤 반응을 보일지 상상해 보라. 왕족의 후손인 부모에게서 태어났지만 출생 직후 유괴된 것으로 밝혀졌다고 하자. 다시 말해 그는 자신이 생각했던 그런 사람이 아니었다. 그는 왕족이었다. 장담하건대 그의 자기 인식은 완전히 바뀔 것이다. 아마 그는 더 당당해지고 자신을 특별하고 잠재력이 무한한 사람으로 생각하기 시작할 것이다. 그렇게 그는 자신을 달리 보고 달리 행동할 것이다.

잠시 무거운 주제를 다루려 하니 양해해 주길 바란다. 성경에는 우리 모두가 하나님의 자녀라고 명시돼 있다. 그렇다면 모두가 신의 자녀요, 모두가 왕자 또는 공주다. 우리는 모두 왕족의 후손이다. 우리 스스로가 그렇게 보지 않고 그렇게 처신하지 않을 뿐이다.

당신이 왕족이면 안 될 이유가 무엇인가? 당신에게는 인생의 가장 좋은 것들을 가질 신성한 권리가 있다. 당신 스스로 그렇게 보지 않는다면 누가 당신을 그렇게 봐주겠는가? 자신을 보는 방식을 바꾸기만 하면 온갖 좋은 일이

기다리고 있을 것이다. 뭘 망설이는가? 이는 동화일 뿐 현실은 그렇지 않다고 말하기 쉽다. 그러나 당신이 이런 사고를 할 마음이 없다면 과연 그런지 절대 알 수 없을 것이다. 리디 박사에게 이렇게 재능 있는 학생은 평생 두 번째로 본다는 얘기를 들었을 때 나는 그의 말을 반박했을까 아니면 나를 그런 사람으로 보기로 했을까? 나는 나를 그렇게 보는 쪽을 선택했다. 당신도 당신을 그런 시각으로 봐야 한다!

1992년 올림픽에서 '드림 팀'(1989년 국제농구연맹이 프로 선수들도 올림픽에 참가할 수 있도록 규정을 변경하면서 프로 선수들로 구성된 미국 대표 팀이 만들어졌고, 그동안 가상으로만 언급되던 것이 현실이 됐다고 해 드림 팀으로 불렸다_옮긴이)이 우승한 후 찰스 바클리Charles Barkley의 기량은 최고조에 달했다. 그는 NBA의 모든 슈퍼스타와 함께 뛰었다. 조던과 래리 버드Larry Bird, 매직 존슨Magic Johnson, 데이비드 로빈슨David Robinson, 존 스탁턴John Stockton, 크리스 멀린Chris Mullin, 스카티 피펜Scottie Pippen, 칼 말론Karl Malone 같은 선수들과 함께 경기했다. 올림픽 직후 일본으로 원정 경기를 갔을 때 찰스는 이전에 보지 못했던 기량을 발휘했다. 그의 자신감은 하늘을 찌를 듯했다. 그런 자신감을 시즌 내내 유지하면서 그는 자신이 리그 최고의 선수라고 믿었다. 그 시즌에 그는 NBA MVP(최우수선수)로 선정됐다. 그의 팀은 NBA 챔피언십 결정전에 진출했고 찰스는 거기서도 큰 활약을 보였다.

날 수 있다고 믿고 꿈을 이루는 데 필요한 모든 노력을 기울이라. 당신은 꿈을 현실로 만들기 위해 노력할 마음이 있는가? 기꺼이 그럴 사람이 있는가 하면 아무런 노력 없이 저절로 꿈이 이뤄지리라고 생각하는 사람도 있다. 후자 같은 생각은 매우 위험하다. 하지만 이 책을 읽고 있는 당신은 꿈을 이룰 사람이라고 믿는다.

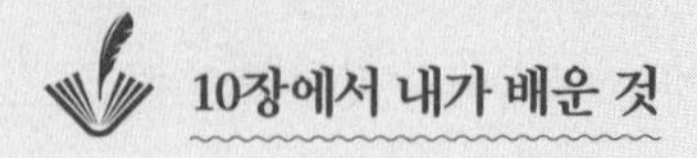

10장에서 내가 배운 것

인생은 최대한 살아내지 않으면 안 된다. 오늘부터 자신을 특별한 사람, 특별한 능력과 강점을 가진 사람으로 보라. 자신을 신의 자녀로 생각한다면 두려워할 게 전혀 없을 것이며 훨씬 더 많은 능력과 지혜, 용기를 갖게 될 것이다. 그리고 그런 능력과 용기로 모든 문제에 정면으로 맞서 이겨낼 것이다!

당신을 응원해 주는 사람이 아무도 없을 때는 스스로 응원하라. 당신은 누구보다 열렬히 자기 인생을 응원하는 치어리더가 될 수 있다. 넘어져도 부끄러워하지 마라. 툭툭 털고 일어나라. 넘어지거나 실패해도 괜찮다. 일어나서 다시 시작하면 된다. 조던이 책 제목으로 썼듯이 "내가 받아들일 수 없는 것은 도전을 포기하는 자세다". 그러니 연주를 시작하라!

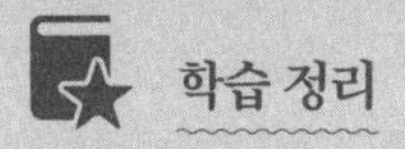

자신의 인생을 주도적으로 설계하고
헤쳐나가는 자기 삶의 전사들은

1. 비전을 가진다.
2. 목표를 세운다.
3. 해야 할 일을 한다.
4. 다른 사람을 존중한다.
5. 해결책의 일부가 된다.
6. '그럼에도 불구하고' 내면의 강인함으로 목표를 달성한다.
7. 변화를 수용한다.
8. 멘토의 말을 경청하고 배움을 얻는다.
9. 규칙을 익힌다.
10. 자신을 믿는다.

당신도 전사다.

단 한 사람이라도

_하워드 H. 화이트

만약 단 한 사람이라도 동조한다면

한 사람에 한 사람이 더해져 둘이 될 것이다.

만약 단 한 사람이라도 빛을 볼 수만 있다면

싸움에 동참할 사람이 그 길에서 나타날 것이다.

만약 한 사람이라도 올바른 길을 알 수 있다면

내일은 더 밝은 하루가 될 것이다.

만약 내가 더 나은 존재가 될 수 있다면

미지의 누군가가 닫힌 문을 열어줄 것이다.

만약 내가 역경을 딛고 성공할 수 있다면

이 축복받은 행동으로 한 사람 더 깨우칠 수 있을까?

단 한 사람이라도 믿음을 가질 수 있다면

그리고 그 한 사람이 당신이라면

꿈을 이루리라는 것을 알기 때문이다.

그것은 하늘이 파랗다는 것만큼 자명한 사실이다.

고개가 당당히 들리고 사기가 드높아질 것이다.

노력만 한다면.

그 사람이 당신이라면

당신의 모든 바람이 이뤄질 것이기 때문이다.

부딪치고 긁히고 넘어지길 마다하지 않는다면

그래도 당당히 설 수 있다면

어떤 벽도 정신력으로 넘어설 수 있을 것이다.

흐린 날 한 줄기 햇살을 볼 수 있다면

그 햇살을 따라가라, 그러면 길을 인도해 주리니.

믿음을 가진 오직 한 사람, 그 사람이 당신이라면

모든 희망과 꿈을 이룰 것이다!

끝은 없다.

새로운 시작이 있을 뿐이다.

2부

인생 설계하기

2부 들어가기

유년 시절의 교훈

1950년대 버지니아주 햄프턴에서의 성장은 요즘과는 크게 달랐다. 그 시절에는 내가 직접 꺾어다 드린 나무 회초리로 부모님께 매를 맞았다. 너무 작은 회초리를 가져다드리면 차라리 내가 꺾어 오는 편이 나았다고 후회가 될 만큼 큰 회초리를 부모님이 꺾어 왔다. 가는 회초리도 매서웠다. 찰싹찰싹 몸에 감기는 가는 회초리가 가장 아플 때도 있었다.

요즘은 총과 칼을 갖고 다니는 학교 친구들과 사람을 죽이는 갱들 때문에 학교 다니기가 힘들다고 토로하는 아이들도 있다. 운 좋게도 내가 어릴 때는 그런 걱정은 없었다. 종종 하교 후에 두들겨 맞기도 하고 싸움질도 자주 목격했지만 말이다. 우리 초등학교의 악동이었던 래리 블래클리는 반 루이스라는 남학생이 전학 오자 우리 학교 대장이 누구인지 보여주겠다며 그에게 싸움을 걸기도 했다. 어느 날 하굣길에 둘이 맞붙었다. 루이스는 일단 보이는 막대기부터 집어서 멀리 던져버렸다. 래리가 그걸 들고 덤비는 것을 방지하기 위해서였다. 그러고는 주먹을 휘두르기 시작했다. 그날 래리는 루이스에게 호되게 얻어맞았다. 루이스는 래리를 박살 냈다. 아이러니하게도 그날 싸움 후로 둘은 친구가 됐다! 그러나 요즘은 주먹다짐이 아니라 총을 쏘고 죽이기까지 하니 싸운 후에 친구가 될 수 있었을지 또는 친구가 될 마음이 있었는지 알 길이 없다.

우리는 옥외 변소와 세숫대야, 목욕통을 쓰며 자란 세대다. 목욕은 대개 토요일 저녁에 했다. 다른 날은 세숫대야에 물을 받아 씻었다. 나무와 석탄 난로에 물을 데워 썼으며 난방도 그 난로로 해결했다. 이게 우리 삶의 현실이었다. 우리는 다른 방식의 삶이 있을 수 있다는 걸 몰랐다. 그런 어려운 생활을 했지만 나름의 멋도 있었다. 나는 변소 앞에 붓꽃을 심었던 때를 기억한다. 향도 아주 좋았고 꽃

색깔도 선명한 보라색으로 예뻤다. 나는 줄기가 자라고 꽃이 피는 것을 지켜보며 뿌듯함을 느꼈다. 지금도 붓꽃을 볼 때마다 그때가 떠오른다.

그 시절에는 삶이 조금 더 단순했다. 컴퓨터게임이 없었으므로 주로 밖에서 친구들과 함께 놀았다. 나는 집 앞 인도에서 롤러스케이트를 즐겨 탔다. 새로 포장된 보도에서 스케이트를 탈 때면 세상에서 그보다 기분 좋은 일은 없었다. 날아갈 수 있을 것만 같았다. 우리는 숨바꼭질, 술래잡기 등 온갖 놀이를 하며 놀았다. 동네 아이들 모두가 서로 친했다. 어렸을 때는 담배를 피우면 멋있어 보일 줄 알았다. 그래서 담배꽁초를 주워 으슥한 곳으로 가서 피우기도 했다. 그게 아주 멋진 행동이라고 생각했다! 얼마나 우스꽝스러워 보일지 전혀 알지 못했다.

내게는 길을 알려주고 우러러볼 누나와 형이 있어 좋았다. 내가 막내인 까닭에 눈감아 주고 넘어가는 일도 많았을 것이다. 하지만 매번 그랬던 건 아니다. 기억나는 사건이 하나 있다. 방과 후에 영화 〈쉐기 독The Shaggy Dog〉을 보러 가기로 한 날 나는 흥분 상태였다. 그런데 그날 아침 토미 형이 계속 날 놀려댔고 급기야 나는 칼을 들고 2층으로

형을 쫓아갔다. 그러다 어머니께 들켰고 그길로 영화는 끝이었다. 외출 금지에 그날 영화 관람까지 취소됐다. 내가 칼을 들고 까부는 일은 그 후 다시는 없었다.

사실 나는 농구를 늦게 시작한 편이라 운동을 중심으로 생활하지는 않았다. 지극히 평범하게 생활했다. 다른 아이들과 함께 소년소녀클럽(방과 후 프로그램)에 다녔고 일상적인 활동을 하며 즐겁게 지냈다. 나는 야구에는 도통 재미를 느끼지 못했다. 경기 진행이 너무 느려 지루했다. 그래서 야구 시합 중에는 딴생각에 빠지기 일쑤였다. 내가 야구를 할 때는 다른 남자애들이 하고 싶어 할 때뿐이었다. 무리에 끼려면 그들이 원하는 놀이도 해줘야 해서 어쩔 수 없었다. 탁구는 재밌었다. 내가 가장 좋아한 것은 카우보이와 인디언 놀이였다. 나는 늘 추장 역을 하고 싶어 했다.

우리는 자주 어머니나 버티 이모와 함께 게를 잡으러 갔다. 넬 이모님(우리 골목에 사는 나이 많은 아주머니 중 한 분이었는데 우리 모두 그분을 넬 이모님이라고 불렀다)이 우리를 데려가기도 했다. 새로운 다리가 건설되면서 예전 다리는 잔교로 쓰였는데 거기 가면 물고기나 게를 잡을 수 있었다. 아이들은 동네 아주머니들과 함께 갈 때만 잔교 아래로 내려갔다. 우리끼리 갈 수 있을 나이가 된 후에도 아주머니들과 같이 가지 않으면 별로 재미가 없었다. 우리는 그분들의 영향을 크게 받으며 성장했다. 그분들에게서 들은 얘기 때문이기도 했고 우리를 아끼는 그분들의 마음을 알았기 때문이기도 했다.

사랑이 넘치는 시절이었다. 모두가 다른 사람을 챙겼다. 아이가 있는 집 부모들은 다른 집 아이들까지 보살폈다. 친구 집에 가면 우리 집처럼 편안했다. 우리는 가난했을지 모르지만 나는 그 사실을 의식하지 못했다. 가난한 게 어떤 기분인지 모른다면 부유한 것과 마찬가지일 것이다.

자라는 동안 나는 평범한 아이였다. 훗날 지역신문에 내 기사가 실렸을 때 동네 아주머니 한 분이 "이 골목에 살던 그 코흘리개 하워드 기사라고요?"라고 물었다. 그랬다. 내가 그 코흘리개였다. 그리고 나는 여전히 그 어린 소년이다. 지금은 몸집이 좀 더 커졌을 뿐이다. 나는 모든 동네 이웃 덕에 성장했고 성숙했다. 그래서 내 발달에 중요한 역할을 한 그분들에게 진심으로 감사하다. 어린 시절은 내 인생에 큰 밑거름이 됐다. 그 시절이 내 세계를 형성했고 나를 한 인간으로 성장시켰다. 그리고 인생의 작은 것에서 즐거움을 느끼는 법도 알게 했다. 나는 지금도 작은 일에 꼼꼼히 신경 쓰면 큰일은 저절로 해결된다고 믿는다.

나는 어려서 얻은 모든 가르침을 여전히 간직하고 있으며 아직 그런 가르침을 얻지 못했을 수도 있는 다른 사람과 공유한다. 이 가르침들은 멈추지 않는다. 매번 다시 시작된다. 끝도 없고 시작도 없다. 그러니 날마다 최선을 다해 의미 있게 살자. 그럴 때 내일이 보장된다.

그대는 희망의 무지개다.
그대는 우리의 빛나는 내일이다.
그대는 세계의 미래다.
순수한 마음을 간직하라, 그것이 모든 시작점이니.
그대는 영원한 희망 그 자체다.

2부는 변화와 좀 더 본격적인 이야기들을 담았다. 1부에서 다룬 공식들을 토대로 이를 더 깊이 파고들어 인생을 바꿀 준비가 됐고 삶의 전사 대열에 합류하기를 원하는 독자들을 위한 내용이다. 1부에서 기반을 다졌다면, 2부에서는 공식을 삶에 적용해 완성할 것이다. 2부의 키워드는 변화이고 인생 설계다.

수년간의 실천과 가르침에서 나온, 지금의 나를 만들어 준 원칙이자 공식이다. 자신의 꿈에 도달하고자 하는 누구나 따를 수 있는 나침반이다. 그렇다고 모든 사람이 내가 했던 방식대로 해야 한다는 뜻은 결코 아니다. 변화를 위한 쉬운 방법 같은 건 없지만 나는 이 공식을 따르기만 해도 삶의 변화를 이끌어낼 수 있다고 믿는다. 이 책은 영적 인식, 마음의 힘, 연대에 대한 다른 관점에 눈뜨게 해줄 것이다. 이 원칙을 따라 살아가면 당신은 전사의 대열에 합류하게 될 것이며 당신 자신과 그 길을 보여준 다른 사람에게 긍정적 변화를 가져다줄 무기를 얻게 될 것이다. 당신의 속도대로 이 공식을 익히고 실행하라. 이는 당신의 여정을 완성해 줄 설계도다.

두 개의 세계

이 세상에 두 개의 세계가 존재하는 건 아닐까? 내가 정신이 나갔다고 생각할 것이다. 두 개의 세계가 존재한다고 말하다니 정상이 아니라고 생각할 수도 있다. 하지만 내가 말하고자 하는 두 세계는 외부 세계와 내면세계다. 먼저 우리가 매일 생활하는 물리적 세계가 있다. 그리고 이와는 완전히 다른 내면세계가 있다.

내면세계는 혼자 음악을 들으며 앉아 있을 때, 늦은 밤 오로지 당신 혼자 있을 때 발견하게 되는 세계다. 오늘 당신에게 문제가 좀 생겼지만 그에 관해 얘기할 사람이 당신 자신 외에는 아무도 없다고 하자. 당신은 불을 끄고 앉아 생각한다. 대체 내가 무슨 일에 휘말린 거야? 이런 문제에 부딪혔을 때는 어떤 방향으로 가야 하지? 당신 자신에게는 거짓말을 할 수는 없다. 이것이 당신이다. 세상 앞에 적나라하게 드러난 당신이다. 내적 영역, 감정 세계, 기도, 영혼 영역의 당신이다. 정서와 직감, 직관의 세계며 우연의 일치가 발생하는 세계다. 내면세계의 당신은 이렇게 묻는다. '왜 이런 일이 내게 일어났을까? 이런 일이 어떻게 생길 수 있었을까?'

이제 나와 누나의 얘기를 하나 해주려 한다. 1985년 아니면 1986년쯤이었을 것이다. 우리는 고향인 버지니아주 햄프턴을 방문하고 돌아가는 길이었다. 얼마 전 뽑은 내 차로 메릴랜드로 가고 있었다. 사실 나는 95번 고속도로를 과속으로 달리고 있었다. 3대 정도의 차가 나와 비슷한 속도로 고속도로를 달렸다. 그런데 갑자기 엔진 쪽에서 이상한 소리가 들렸다. 나는 누나에게 엔진에 이상이 있는 것 같다고 말했다. 누나는 아무 소리도 안 들렸다며 그냥 가자고 했다. "네가 잘못 들은 거야. 아무 문제 없어." 나는 분명 소리를 들었고 그냥 넘길 수가 없었다. 그래서 갓길에 차를 세우고 엔진을 확인해 보는 게 좋겠다고 했다. 누나는 "엔진에서 아무 소리도 안 났다는데 그러네"라고 투덜거렸다.

그래도 나는 차를 갓길에 세운 다음 보닛을 열고 엔진을 들여다봤다. 정비공들이 종종 연장을 놓아두는 부분에 드라이버가 하나 있기는 했지만 그건 기껏해야 달가닥거리는 소리를 냈을 것이다. 엔진에서 이상한 소리가 나지는 않았다. 아무 문제도 없는 듯했다. "내가 잘못 들었나 봐. 아무 이상 없어 보여." 나는 다시 차에 타며 누나에게 말했다. 누나는 "내가 괜찮다고 했잖아"라고 응수했다.

하지만 출발한 지 얼마 못 가 길이 막히더니 정체 행렬이 몇 킬로미터나 이어졌다. 교통사고가 크게 난 게 틀림없었다. 직감일 뿐 확인할 수는 없지만 나와 함께 과속으로 달렸던 다른 차들이 사고를 냈을 것만 같은 기분이 들었다. 사실이 어떻든 나는 갓길에 차를 세워 다행이었다 싶었다. 정체가 풀린 후 우리는 고속도로가 아닌 국도를 타고 갔다.

이것이 바로 내면세계의 경고였으며 다행히 나는 거기에 귀를 기울였다. 내면세계는 우리 모두에게 말해준다. 귀를 기울이는지 아닌지는 별개 문제다. 내면세계는 외부 세계에서 현실이 되기 전 모든 일이 일어나는 곳이다. 유사 이래 모든 거장이 인생의 위업을 달성하기 전 첫 시도를 했던 곳이다. A 학점이 시작되는 곳이기도 하며 D나 F 학점이 시작되는 곳이기도 하다. 우리가 스스로 한계를 두거나 날개를 달아주는 것도 내면세계다. 자신의 날개로 어디까지 날아갈 용기가 있는가? 만약 이 세계에 도달하지 못했다면 내면으로 더 깊이 들어가야 한다.

늦은 밤이나 이른 아침 생각이 흘러가는 대로 맡기고 당신이 인생에서 이루고자 하는 것을 전부 떠올려 보라. 완전히 새로운 사람이 된 당신의 모습과 목표를 달성하는 데 필요한 것을 떠올려 보라. 꿈을 이루기 위해 당신이 쓸 수 있는 다른 방법을 생각해 보라. 이 생각을 외부 세계에서 현실로 만들기 위해 당신은 뭘 할 수 있는가? 당신이 목표를 이루게 도와줄 지인이 있는가? 당신은 이 모든 질문의 답을 이미 알고 있다. 우리 중 일부는 그 답을 밝혀줄 근원에 이르지 못한다. 많은 사람이 금을 캘 때 금맥에 도달하기 전에 포기한다. 그들은 중간에 발견한 사금이나 황철광 또는 금 부스러기에 만족한다. 그들은 절대 노다지를 발견하지 못한다. 너무 참을성이 없기 때문이다. 인내심을 가지라. 계속 노력한다면 금을 찾을 것이다.

외부 세계는 물리적 세계다. 우리가 생활하고 성과를 내는 곳이다. 당신의 모든 바람 또는 계속해서 당신의 마음을 사로잡는 생각은 이 세계로 발현된다. 내면세계에서 생각하면 외부 세계에서 이뤄진다. 당신은 '부자가 되고 싶다'고 기원하지만 마음속 깊은 곳에서는 '나는 절대 큰돈은 벌지 못할 거야' 하고 생각할지 모른다. 그럼 어떻게 될까? 더 깊은 내면의 생각이 이길 것이다. 자신이 뭘 구해왔는지 모를 수도 있지만 당신은 거듭 간청한다. 그래서 특정 결과를 얻는다. 당신을 계속 따라다니는 불운이 그 때문일 수 있다. 또는 행운이 그 때문일 수 있다. 기억하라, 당신은 구한 대로 얻을 것이다.

외부 세계 또는 물리적 세계는 대부분의 사람이 부를 추구하는 곳이다. 사람들이 특정 자동차와 보석을 갖길 원한다고 생각하는 곳이다. 대다수가 어떤 일을 성사하려고 노력하는 곳이다. 사람들이 행복을 가져다 주리라고 생각하는 세계다. 돈을 벌게 되리라고 생각하는 세계다. 다른 모든 것에 실패해도 그들을 위해 존재하리라고 생각하는 세계다. 외부 세계를 믿는 사람은 그저 하루하루 살아갈 뿐 결코 완전한 만족감을 느끼지 못한다. 당신의 행복이 외부 세계에 달려 있다면 어떻게 행복할 수 있겠는가? 당신은 자신이 정확히 어떤 사람인지도 모른다. 당신은 물질적 존재가 된다. 당신은 물질일 뿐 진정한 자신이 아니게 된다. 내면의 당신, 생각하는 당신이 아니다. 그러니 그런 외부 사물이 당신이 어떤 사람인지 규정하게 하지 말라.

강한 믿음을 가진다면 원하는 물질을 얻을 수 있음을 기억하라. 물질이 나타나야 할 곳은 '현실' 세계다. 하지만 두 세계가 균형을 이루게 해야 한다. 만약 물리적 세계에서 살 수 없다면 현실에 문제가 생길 게 틀림없다. 외부 세계에 살지 못하고 오로지 내면세계에서만 산다면 주변 사람들은 당신을 정신 나간 사람으로 여길 것이다. 당신은 양

쪽 세계 모두에 살면서 두 세계의 관계를 이해해야만 한다. 그래야 모든 것을 이룰 수 있다. 당신은 꿈과 내면의 자신이 가진 올바른 생각을 위해 살아야만 한다. 그러면 그것이 외부에서 실현될 것이다. 내적 자아는 우리 전사들의 싸움터다!

정신력과 체력

앞에서 물리적 세계와 정신적 세계인 외부 세계와 내면세계에 관해 얘기했다. 또한, 정신적 세계에서 우리가 믿는 모든 것이 물리적 세계에 나타나게 된다고 얘기했다. 마찬가지로 힘에도 두 종류가 있다. 당신은 운동으로 강한 체력을 기를 수 있다. 역기 운동으로 힘을 키우고 근육을 발달시킬 수 있다. 그러나 가장 큰 힘은 결국 내면에 있다. 이 내면의 힘은 모든 사람이 추구하는 힘이며 감춰진 힘이다.

어머니가 자신과 자식을 덮친 자동차를 밀어낼 수 있을 때 그 힘은 근육이 아니라 그의 내면 깊은 곳에 있던 더 큰 힘에서 나온 것이다. 옳은 일을 했을 뿐인데 핍박받는 사람은 외부 세계가 아니라 내면세계의 힘에 의지한다. 1부에서 어려움에도 '불구하고' 꿈을 추구하기 위해 내면의 힘을 동원해야 한다는 얘기를 잠깐 했다. 내면의 힘은 당신이 가질 수 있는 가장 큰 힘이다. 어려운 시기마다 끌어내야 할 힘이다. 어려운 시기를 견뎌내기는 힘들다. 하지만 그런 시기가 있기에 인생은 더 가치 있다. 기억해야 할 중요한 사실은 당신 안에는 이미 그 힘이 존재하고 있으며 그걸 찾아내기만 하면 된다는 것이다.

신체 활동

내가 이 문제를 얘기하는 게 적절하지 않을 수도 있다. 나는 뭘 하든 거의 매번 지나치게 열중하기 때문이다. 예를 들어 나는 자전거 타기를 좋아한다. 너무너무 재밌다. 얼마 전부터는 수영 강습을 받기 시작했는데 수영을 잘하고 싶어서 열심히 연습한다. 그 이전에는 늘 테니스를 쳤다. 그때는 틈만 나면 테니스를 치러 갔다.

더 이전에는 우리 개 티파니를 훈련시켰다. 우리는 시간만 나면 훈련을 했고 결국에는 반려견 대회 복종 부문까지 출전해 우수 반려견 상을 받기도 했다. 그 이전에는 농구를 했다. 더 어릴 때는 말머리 인형을 들고 뛰어다녔고 여자아이들과 줄넘기를 했다.

내 말의 요점은 어떤 종류가 됐든 신체 활동을 하면서 생활해야 한다는 것이다. 나처럼 열성적으로 하지 않아도 된다. 내가 강조하고 싶은 것은 몸을 움직여 주는 게 중요하다는 점이다. 당신에게 주어진 몸은 평생 하나뿐이다. 그러므로 그 몸을 잘 돌봐야만 한다. 적절한 음식을 섭취하고 적당한 활동을 하려고 노력하라. 걷기 같은 간단한 운동을 해도 좋다. 걷기도 건강에 좋다. 물은 하루에 8잔 이상 마셔야 한다. 우리는 인체가 주로 물로 이뤄져 있다는 사실을 종종 잊고 걸핏하면 탈수 상태로 만든다. 그러니 물을 충분히 마시고 먹는 음식에 유의하라. 그리고 다시 한 번 강조하지만 그리고 신체 활동을 하는 것이 좋다. 그래야 건강한 몸을 가질 수 있다.

마음 역시 소홀히 하면 안 된다. 뇌도 몸처럼 운동이 필요하다. 그리고 그 운동은 TV 시청처럼 수동적 활동이 아니라 능동적 활동이어야 한다. 독서 같은 활동을 즐기는 법을 배운다면 장차 건전한 마음을 갖게 될 것이다. 독서는 언제나 할 수 있는 활동이며 독서를 할수록 이해력을 높일 수 있다. 모든 것은 내면에서 시작되므로 독서로 배운 지식이 외면으로 표출될 것이다. 내가 프랑스어에 좀 더 관심을 뒀다면 처음으로 프랑스에 갔을 때 사람들과 더 원활하게 대화할 수 있었을 것이다. 하지만 학교에 다니는 동안에는 내가 프랑스에 가게 되리라곤 전혀 생각하지 못했다. 마음속으로 프랑스에 가게 되리라고 믿었다면 좀 더 빨리 프랑스에 갔을 것이다(그리고 프랑스어 공부도 좀 더 열심히 했을 것이다). 모든 건 내면에서 시작된다.

11장

마음의 힘

당신이 생각하는 자기 모습이 곧 당신임을 기억하라

'안 한다', '못한다', '만약'이라는 단어는 잊으라.
'할 수 있다', '한다', '할 것이다'라는 생각에 집중하라.

정신

어렸을 때 나는 온갖 사물에 관해 생각하며 상상의 세계에 빠져 있을 때가 많았다. 경기에서 득점을 올릴 방법을 생각했고 큰 기계를 보면 거기서 나올 힘과 그 힘을 활용해 할 수 있는 일을 궁금해했다. 나는 마음을 관제탑으로 하는 힘에 집중했다. 그리고 어느 순간 사고가 우주의 근원이거나 적어도 근원과 연결됐음을 깨달았다. 사고는 모든 일을 성사하는 힘이며 사고력이 약자와 강자를 구분해 준다.

"천재는 1퍼센트의 영감과 99퍼센트의 땀으로 만들어진다"는 토머스 에디슨Thomas Edison의 얘기를 명심하라. 정말 그렇다. 이 말을 종이에 적어 자주 볼 수 있는 곳에 붙여두고 목표에 충실하면 무엇이 가능할지 되새겨 봐야 한다. 정신은 그 힘과 효과가 어디까지인지 한계를 알기 힘들 만큼 강력한 도구다. 당신은 그런 정신 작용의 일부라는 사실을 받아들여야 한다. 당신에게는 자신에게 일어나는 모든 일에 영향을 끼칠 힘이 있다. 당신은 우주의 위대한 힘의 한 부분임을 기억해야 한다. 당신에게는 그 힘을 표출하거나 부정할 힘이 있다.

사고

긍정적 사고를 논하지 않고는 정신의 힘에 관해 얘기할 수 없다. 한 방울의 물은 해롭지도 않고 온화할 수도 있다. 하지만 물이 모여 해일이 되면 막을 수 없다. 사고도 그와 같다.

정신은 밭과도 같다. 당신이 심은 것만 자랄 수 있다. 하지만 세상에서 가장 근사한 밭을 만든다 해도 그것으로 끝은 아니다. 밭을 보살피지 않는다면 잡초로 뒤덮일 것이다. 그렇게 되면 뭘 심었든 수확은 없을 것이다. 풍성한 수확을 보장받으려면 잡초도 뽑고 비료도 주며 밭에 신경을 써야 한다. 정신도 마찬가지다. 긍정적 생각을 심고 부정적 생각은 뽑아내며 믿음을 비료로 주어 좋은 수확을 거둘 수 있게 해야 한다. '안 한다', '못한다', '만약'이라는 단어는 잊으라. 이 순간부터 '할 수 있다', '한다', '할 것이다'라는 생각에 집중하라. 마음만 먹으면 무엇이든 할 수 있음을 기억하라.

밀려 들어오는 생각을 통제하지 않는다면 부정적 생각

이 계속해서 흘러들고 그로 인한 결과를 얻을 것이다. 너무나 많은 사람이 성취감 부족, 자기 부인, 낮은 자존감, 상실감, 증오, 혐오, 분노 같은 감정과 씨름하기 때문에 그런 결과를 낳는다. 적극적으로 긍정적 생각을 해야만 한다. 그러지 않으면 부정적 생각이 먼지처럼 내려앉아 쌓일 것이다. 반갑지 않은 부정적 생각이 마음속에 형성될 때 제어할 수 없다면 부정적 생각에 지배당한다.

긍정적으로 생각하면 긍정적인 사람이 된다. 부정적으로 생각하면 부정적인 사람이 된다. 당연하게도 인식이 문제다. 같은 상황도 모든 사람이 똑같이 인식하지는 않는다. 두 사람이 같은 것을 봐도 한 사람은 나쁘게, 한 사람은 좋게 볼 수 있다. 같은 대상을 봤는데 어떻게 그럴 수 있을까? 상황을 어떤 관점에서 보기로 선택했는지에 따라 어떤 영향을 받을지 결정된다. 나쁜 성적을 받았을 때 '나는 그리 똑똑한 사람이 아니야' 하고 생각할 수도 있고 '좀 더 열심히 공부할 필요가 있어. 선생님과 면담해 보면 어떤 부분이 부족한지 알 수 있겠지' 하고 생각할 수도 있다. 이는 배움을 위한 과정이며, 뭔가를 잘하기 위해서는 자신이 취약한 부분이 어딘지 알아낼 필요가 있음을 깨닫는다면 나의 부족한 부분을 발견하는 건 나쁜 일이 아니라 좋은 일이 될 것이다! 그럼 당신은 수업에 더 많은 시간과 노력을 기울일 것이다. 당신은 물이 절반 차 있는 잔을 반이나 채워진 잔으로 볼 것인가 아니면 반밖에 안 채워진 잔으로 볼 것인가?

내 친구 하나는 자랄 때 자기 방에서 나오지 못하는 벌을 받았다고 한다. 그는 새아버지를 싫어했고 그가 방에 가 있으라는 벌을 내리면 책을 읽고 또 읽었다. 그렇게 자신에게 주어진 벌을 긍정적인 상황으로 만들었다. 책은 그의 친구가 됐다. 그는 자기 방에 머무는 일이 좋아지기 시작했고 그 시간을 기다리게 됐다. 부정적인 일을 긍정적인 일로 만드는 것, 이것이 인생에서 가장 중요하다. 당신의 정신은 세상에서 가장 근사한 탈출구며 책은 탈출에 이용할 수 있는 고속도로 중 하나다.

뒷전에 서서 남의 장단에 맞춰 춤을 추며 비참해지지 말라. 당신만의 음악을 만들 때 당신이 원하는 춤을 출 수 있다. 당신만의 1인 밴드가 되라. 그러면 당신의 드럼 연주에 맞춰 행진할 수 있다. 당신을 긍정적으로 평하는 사람의 말을 들으면 마음에 담아두라. 당신을 부정적으로 평하는 사람의 말을 듣거든 곱씹어 생각하지 말라.

친한 친구 하나가 쌍둥이 자녀 중 한 명이 다른 한 명만큼 영리하지 않다고 털어놓은 적이 있다. 아이들은 이란성 쌍둥이로 하나는 남자아이, 하나는 여자아이였다. 그는 딸이 아들만큼 습득력이 빠르지 않다고 했다. 친구와 그의 남편은 나중에 딸이 학교에 가서 나쁜 성적을 받으면 쌍둥이 오빠만큼 똑똑하지 못한 자신은 쓸모없는 존재라고 느낄까 봐 걱정했다. 그 말을 들은 뒤로 나는 친구 딸에게 말을 걸어주고 천재라고 치켜세워 줬다. 그리고 대화를 할 때마다 너는 천재니 분명 답을 알 것이며 혹시 답을 모르더라도 훌륭한 천재답게 답을 알아낼 방법을 알 거라고 말했다. 그렇게 아이를 격려해 줬다. 나중에 내가 이사 간 뒤로도 기회가 닿는 대로 아이에게 전화해 나의 천재라고 말해줬다.

그래서 어떻게 됐을까? 아이는 자신이 천재라고 믿기 시작했다. 모든 해답을 찾아내기 시작했다. 학업 성적도 향상됐다. 답을 찾는 데 필요한 책을 빌리러 도서관에 가기도 했다. 친구는 아이의 발달 상황을 내게 알려줬다. 아이는 공부를 하고 또 하고 노력을 하고 또 한 결과 우등생이 됐으며 긍정적 자아상을 갖게 됐다. 누군가 물으면 아이는 주저하지 않고 자신이 천재라고 답했을 것이다. 커서 대학 입학을 앞뒀을 때 아이는 자신의 첫 번째 차에 'Genius(천재)'라는 번호판을 붙일 거라고 어머니에게 말했다. 현재 그는 'Genius'라는 번호판을 단 차를 소유하고 있으며 CIA라는 훌륭한 직장에 다니고 있다.

정신은 이런 힘을 발휘할 수 있다. 긍정적 사고는 대부분의 일이 이뤄지게 해준다. 뇌에 담고 진심으로 믿는 일은 정신이 실현해 줄 것이다. 중요한 건 긍정적 이미지로 마음을 채우는 것이다. 당신이 생각하는 자기 모습이 곧 당신이기 때문이다.

아침에 잠에서 깨어 침대에서 빠져나오기 전 가장 먼저 해야 할 일은 좋은 생각을 하는 것이다. 긍정적이고 밝은 태도를 유지하는 한편 성공적으로 과업을 완수해 기분 좋은 하루를 보내는 모습을 상상하라. 당신의 긍정성을 세상에 투영하는 상상을 하라. 당신이 직면해야 할지도 모를 불쾌한 일에 관한 부정적 생각과 걱정을 경험할 때 놀라지 말라. 부정적 생각은 날마다 우리를 찾아온다. 부정적 생각을 마음에서 멀리하려는 당신의 결심을 상기하면 된다. 이 일이 그리 쉬운 일은 아닐 것이다. 하지만 마음속에 들어온 생각이 현실 세계로 나타난다는 사실을 기억해야 한다.

마지막으로 당신의 머리에 넣어주고 싶은 사실이 있다. 가장 중요한 노력은 외부 세계에서 기울이는 노력이 아니라는 것이다. 진정한 노력은 내면의 자아에 기울여야 한다. 우리는 계속 긍정적 생각을 해야 한다. 그러면 나머지는 저절로 해결될 것이다. 마하트마 간디Mahatma Gandhi의 다음 말을 기억하라. "믿음을 경계하라. 믿음이 곧 생각이 된다. 생각을 경계하라. 생각은 곧 행동이 된다. 행동을 경계하라. 행동은 곧 습관이 된다. 습관을 경계하라. 습관은 곧 가치관이 된다. 가치관을 경계하라. 가치관은 곧 운명이 된다." 그러니 모든 것이 믿음에서 시작된다.

진실의 영역에 이르는 지도

이제 좋은 일이든 나쁜 일이든 모든 일이 사고에서 비롯된다는 생각이 들기 시작했다면 자신의 진정한 힘을 알게 된 것이다. 그런데 만약 증오와 결핍, 고통, 아픔, 빈곤, 불의의 외부 세계가 가까이 다가가도 길이 없는 거대한 숲처럼 보인다면 내가 마음의 평화에 이르는 지도를 주겠다. 지금부터 감미롭고 편안한 노래를 듣고 있을 때의 마음 상태를 떠올려라. 눈을 감고 앉아 자신의 내부에 귀를 기울이는 내면의 당신을 생각하길 바란다. 불은 꺼져 있고 거기에는 당신과 당신의 생각, 진정한 당신인 조용한 생각만 있다.

당신은 살면서 했던 일 또는 하지 않았던 일로 자신을 질타하길 멈추고 싶다. 이제 정말로 되고 싶은 당신을 생각하고 싶다. 시작하기에 늦은 때란 결코 없다.

이제 숲속으로 걸어 들어가 보자. 처음에는 길을 가로막는 듯한 커다란 나무와 솔잎과 작은 덤불로 뒤덮인 울퉁불퉁한 땅만 보인다. 온갖 나무로 숲이 울창하다! 당신이 가야 할 곳이 어딘지 제대로 보이지도 않는다. 하지만 좀 더 안쪽을 들여다보면 볼 수 있다. 저기 작은 길이 보인다. 나무와 덤불 가운데 있어 아까는 전혀 보이지 않았던 길이다. 길이 꺾이고 휘어지기 시작하지만 따라가기가 그리 어렵지는 않다. 그대로 길을 따라가면 꽃이 눈에 들어오기 시작한다. 이제껏 보지 못한 아름다운 꽃이다. 당신이 아는 꽃과는 다른 색깔이다. 선명하고 생생하다. 붉은 꽃은 선홍색이며 파란 꽃은 새파랗다. 당신은 멈추고 싶지만 계속 숲속으로 걸어가야만 한다. 숲속은 신선한 향기로 가득하다. 당신을 에워싼 아름다운 식물이 믿기지 않을 만큼 좋은 향기를 뿜어낸다. 저기를 보라! 당신이 본 새 중 가장 아름다운 새다. 어떤 종인지 알 수 없다. 당신은 새를 바라본다. 낯설면서도 아름다운 색조를 띠고 있다. 새가 당신 옆으로 날아가지만 당신은 두렵지 않다. 당신은 새를 따라 점점 더 숲속 깊숙이 들어간다. 발걸음은 가벼워지고 길도 아까보다 뚜렷이 보인다.

당신의 발걸음은 빨라지고 길은 더 생기 넘쳐 보인다. 계속 걸어가다 보니 여기가 당신이 진정 원하던 곳이라는 생각이 든다. 당신은 친밀한 느낌을 받는다. 세상이 편안하게 느껴진다. 당신은 혼자인가 아니면 당신이 따라왔던 아름다운 새 외에 다른 누군가가 옆에 있는가? 당신은 큰 바위 앞까지 온다. 그것을 타고 넘어가야만 한다. 바위를 넘어오니 작은 계곡이 내려다보인다. 계곡을 따라 내려가면 길이 계속 이어진다. 듬성듬성한 덤불이 나타나고 당신은 조금 더 걸어간다. 수정처럼 맑은 푸른 호수가 내려다보인다. 당신이 지금껏 본 곳 또는 꿈꾼 곳 중 가장 아름다운 장소다. 이곳이 모든 것의 중심이다. 당신의 중심이자 생명의 장소다. 여기서 당신은 세상이 흘러가는 대로 볼 수 있다. 여기서 당신은 모든 사물이며 모든 사물과 하나다. 당신이 봤던 모든 색깔은 당신의 단편이다. 당신이 마음속에 그렸던 것이다.

여기가 모든 것이 시작되는 곳이다. 진정한 자신을 보게 되는 곳이다. 자신에게 쓸 수 있는 속임수는 없다. 자신을 감추기 위해 쓸 수 있는 거짓말도 없다. 오직 당신, 진정한 당신, 당신이 늘 되고 싶었던 사람만 있다. 천국이 그 안에 있다. 생명의 중심이 그 안에 있다. 이제 당신도 거기에 있다. 당신은 왕국 안에 있으며 그 왕국과 하나가 된다. 그 왕국과 평화를 유지한다. 당신이 알아야 할 것이 무엇이든 당신은 이미 알고 있다. 당신이 봐야 할 것이 무엇이든 당신은 보고 있다. 당신이 누구 또는 무엇이 되고 싶든 당신은 그 사람이다. 당신은 원하는 모든 것을 갖고 있다. 당신은 부족한 것도 바라는 것도 없다. 당신에게는 아무런 제한도 없다. 당신은 모든 것이며 모든 것은 당신이다. 그게 당신이다! 만약 날고 싶다면 그냥 나는 생각만 하면 된다. 그러면 날게 될 것이다. 당신이 팔을 들면 두 팔이 날개가 된다. 당신이 생각하는 대로 된다… 정말 그렇게 된다!

11장에서 내가 생각해 볼 것

나는 힘을 가진 존재다. 내 마음은 수용적이다. 무엇을 마음에 담든 그렇게 될 것이다.

나는 전신을 긍정적 에너지로 채울 것이다. 내가 강해져야 할 때 내 안에 채워진 에너지가 온전하고 완전한 사람이 되는 데 필요한 모든 힘을 줄 것이다.

나는 모든 일에서 나쁜 점이 아니라 좋은 점을 본다. 좋은 점을 보기 위해 더 애써야 할 수도 있지만 좋은 점이 있음을 알고 있기에 그걸 찾을 것이다. 눈을 크게 뜨고 찾을 것이다.

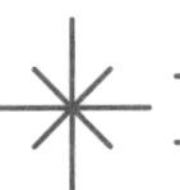

12장

영혼

꽃을 피우는 경이로운 힘은
당신 안에 있다

영성은 우리에게 일정한 균형과 집중력을 제공하고
겸손을 가르쳐 줄 수 있다.

영적 인식

내가 자랄 때는 주일학교에 다니는 것이 생활의 일부였다. 그러다 나이가 들면 예배에 참석했다. 그건 단지 삶의 방식이었다. 아무런 의문도 없었다. 그냥 그래야 했다. 이 일과가 언제 다른 일로 바뀌었는지는 잘 모르겠다. 나는 특별히 종교적인 사람은 아니지만 우주에는 우리보다 훨씬 대단한 뭔가가 존재한다고 믿는다. 중요한 사실은 우리 모두가 그 일부라는 것이다. 당신이 어떤 종교를 믿든 혹은 믿지 않든 그건 중요한 문제는 아니다.

모든 사람이 종교를 믿는 건 아니지만 나는 모두가 영적인 존재일 수 있다고 생각한다. 영성은 우리에게 일정한 균형과 집중력을 제공하고 겸손을 가르쳐 준다. 당신과 나보다 훨씬 위대한 힘이 있음을 알게 해줄 수 있다. 가장 힘든 시기를 헤쳐 나갈 수 있는 내면의 힘과 평화를 준다. 인생이란 무엇인지 통찰할 수 있게 해준다. 어린 나이에 영성을 접하면 성인이 되는 동안 도움이 될 중요한 토대를 마련할 수 있다.

꽃을 피우는 경이로운 힘은 당신 안에도 있다. 당신이 어떤 종교를 믿든 내면의 평화를 찾고 그 힘과 다시 연결될 수 있도록 매일 조용한 시간을 갖는 것이 중요하다. 자신보다 더 큰 세계의 힘을 인식하라. 그리고 그 힘의 근원이 신, 대자연 또는 무엇이 됐든 당신을 기꺼이 도와주리라고 믿어라.

신뢰심

먼저 우리는 신뢰심이 눈에 보이지 않는 것임을 이해해야 한다. 이 책에서 신뢰심은 중요한 역할을 한다. 내 전제를 받쳐주는 토대다. 당신이 지닌 신념 또는 신뢰의 크기가 인생을 얼마만큼 받아들일지 또는 인생을 얼마나 멀리까지 가게 할지 결정할 것이다.

신뢰심의 또 다른 부분은 당신의 삶이 언제나 정확히 계획한 대로 되지는 않더라도 결론적으로 당신에게 좋은 일이 일어나리라고 이해하는 것이다. 잡히지 않고 점점 멀어지는 목표에 다가가려고 고군분투할 때 눈을 크게 떠보라. 더 높은 곳에서 목적이 작용하고 있을 것이다. 대학 재학 중 무릎을 다쳤을 때 나는 빅 오 같은 프로 선수가 될 수 없음을 인정해야 했지만 내가 운동에 기울인 모든 노력이 헛되지만은 않았다. 코트에서 경험한 규율과 성공은 농구를 그만둔 후 내 삶의 모든 부분에서 유용했다. 하나의 문이 닫히면 다른 문이 열리므로 항상 믿어야만 한다.

사람들 대부분은 일이 자기 뜻대로 흘러가는 동안에는 신념이나 신뢰심을 유지한다. 문제는 전부를 잃은 듯하고 모두가 등을 돌렸을 때 또는 일이 뜻대로 흘러가지 않는 듯할 때도 신념을 유지하는 것이다. 그것이 신뢰심이다. 많은 사람이 원하는 삶을 얻지 못하는 이유는 순전히 그렇게 되리라고 진심으로 믿지 못해서 혹은 그들의 삶이 더 나은 것을 받을 자격이 있음을 믿지 않아서다. 내 친구들이 이뤄질 가망이 없다고 생각했던 좋은 일이 일어났을 때 나는 "믿음이 부족한 자들"이라는 성경 구절을 인용한다.

우리는 모두 원하는 바가 있지만 실은 우리에게 정말로 원하는 것을 가질 자격이 있다고 믿지 않을 때가 많다. 길이 조금 좁아지거나 약간 울퉁불퉁해지기만 해도 곧바로 돌아서려 한다. 내 친구 가르시아톨슨을 기억하는가? 그는 다리가 없지만 매일 아침 산도 옮길 수 있다는 생각으로 일어난다. 틀림없이 그는 자신에게 필요한 모든 것을 갖고 있다고 확신하고 자신의 꿈을 믿고 있을 것이다. 이게 내가 얘기하는 신뢰심이다. 깊은 내면의 목소리에 귀 기울이고 비관론자들을 무시할 때 얻는 믿음이다. 그런 신뢰심이 당신 안에 있으니 당신은 그걸 이용할 수 있어야 한다.

내가 권투 선수인 로이 존스 주니어Roy Jones Junior와 얘기를 나누고 있을 때였다. 그는 자신에게 최고의 순간은 챔피언 결정전에서 한 손을 다쳐 나머지 한 손으로만 싸워야 했을 때였다고 말했다. 그는 뭔가 강한 힘이 자신을 감싸며 상대를 이길 수 있게 해주는 것처럼 느꼈다고 했다. 조던도 한번은 병이 나서 밤새 토하느라 잠도 못 잤지만 팀이 그를 가장 필요로 하는 순간 뭔가 강한 힘이 그에게로 들어와 최고의 경기를 할 수 있었다고 했다. 불스는 그 경기에서 이겼고 다섯 번째 월드 챔피언을 차지했다.

자신이 무엇을 추구하는지 알 때 항상 이 점을 명심해야 있어야 한다. 완전하고 아름다운 그 목표를 마음속으로 그려보라. 그게 무엇이든 신뢰만 있다면 이뤄질 것이라고 확신하라. 눈이 있어도 보려 하지 않고 귀가 있어도 들으려 하지 않는 사람은 언제나 있다. 하지만 당신에게는 어둠을 꿰뚫어 보는 사람이 될 수 있는 선택권이 아직 있다. 조용히 어둠과 하나가 될 때 그 속에 감춰진 것들이 보이기 시작한다. 중요한 것은 매일매일 신뢰심을 갖는 것이다.

기도

이제 기도에 관해 얘기하겠다. 당신이 알고 있는 기도가 아니라 조금 낯선 얘기가 될 것이다. 그 전에 우리의 정신이 두 부분으로 이뤄져 있다는 얘기부터 해야겠다. 첫 번째는 의식적 정신, 즉 생각할 때 항상 작용하는 정신이다. 우리의 통제력을 의미한다.

두 번째는 잠재의식이다. 이는 우리 정신에서 아주 강력한 부분이다. 잠재의식은 우리가 원하는 모든 것을 만들고 이룰 수 있게 해준다. 어려운 점은 잠재의식을 좋은 내용으로 채워 우리를 위해 작용하게 하는 것이다. 또는 우리가 원하는 좋은 일이 일어나게 하는 것이다.

당신은 계속 좋은 일을 정신에 담아 그 일이 삶에 일어나게 해야 한다. 살아가는 동안 결코 멈추는 법 없는 것이 하나 있음이 증명됐다. 잠도 자지 않고 항상, 1년 365일, 하루 24시간, 일주일에 7일간 작동한다. 당신의 잠재의식은 그렇게 절대 멈추지 않고 계속 일한다!

나는 늘 좋은 생각을 하는 것이 바로 기도라고 믿는다. 좋은 생각, 곧 기도는 잠재의식으로 들어간다. 늘 좋은 생각이 정신으로 들어가면 늘 좋은 일이 당신에게 일어날 것이다. 단언컨대 그렇다! 매일 아침을 짧은 기도로 시작해 보라. 길지 않아도 된다. 내면의 영혼을 깨우고 짧게 감사를 표하면 된다. 그리고 매일 밤 잠시 그날 있었던 일을 조용히 돌이켜 보는 시간을 갖자. 당신이 해낸 일을 정리할 시간을 가짐으로써 하루 동안 있었던 일에서 벗어나 마음이 쉴 수 있을 것이다.

이 책을 통해 내가 전하려는 주장은 생각이 곧 기도며 당신의 생각은 조만간 세계 또는 현실로 나타난다는 것이다. 이를 다시 언급하는 이유는 당신이 부정적인 생각에 휘둘리며 살지 않길 바라기 때문이다. 만약 어린 시절의 경험이 좋지 않았다면 오늘부터 당신의 정신을 재구성하기 시작할 수 있다. 우리는 모두 태어나면서부터 조건화돼 왔다. 우리가 보고 들은 일이 우리 현실이 됐다. 우리 모두는 나비로 태어났고 여섯 살이 되면 고치 속으로 들어간다는 말이 있다. 당신 삶이 그리 멋지지 않았고 힘든 시간 속에서 성장했더라도 변화를 일으킬 힘과 지식이 당신 안에 있음을 깨닫길 바란다. 그런 변화는 계속됨을 이해해야 한다. 지금의 당신이 특정한 방식으로 살고 있다고 해서 영원히 그렇게 살도록 운명 지어진 것은 아니다. 어떤 삶을 살아왔든 오늘이 바로 당신의 변화가 시작되는 날이다!

그 여정은 간단한 기도나 모든 사물을 대하는 사고방식의 변화로 시작될 것이다. 변화가 하루아침에 일어나지는 않는다. 평생 불행한 생각을 갖고 살아왔다면 더욱 그렇다. 그러나 이제 당신은 삶의 모든 일을 달리 생각할 방법을 알았으니 더 나은 방향으로 변할 것이다. 기도는 당신의 소중한 잠재의식에 좋은 생각을 불어넣을 것이다. 나는 당신이 계속 긍정적인 생각을 정신에 심어줬으면 한다. 긍정적인 생각을 더 많이 심어줄수록 정신의 진정한 근원에 도달할 가능성이 더 커진다는 사실을 기억하라. 그 과정을 계속 유지하라. 상황이 잘못돼 가는 듯이 보일 때는 더욱 그래야 한다. 그럴 때 당신 삶에 변화가 올 것이다.

당신은 어떤 형태로든 신념을 가져야 한다. 그게 뭐가 됐든 좋은 믿음이길 바란다. 당신이 무엇을 믿든 그것은 하루 24시간, 일주일 내내 기도하는 것과 같음을 기억하라. 잠재의식은 당신이 잠을 자는 동안에도 늘 활동하고 있다. 나는 마음 깊이 생각하는 것은 잠재의식으로 곧장 들어가 우주로 퍼져 나간다고 믿는다. 그리고 당신에게로 돌아온다고 믿는다. 당신은 자신이 구하는 대로 믿고 당신이 역설하는 대로 실천한다. 정신에 무엇을 집어넣을지 당신이 통제하고 있으니 당신이 어떤 사람이 될지 책임지는 것도 당신뿐이다.

잠시 다른 얘기를 해보자. 이 문제를 단적으로 보여줄 한 사람이 떠올랐기 때문이다. 내가 얘기하는 내면의 힘은 넬슨 만델라Nelson Mandela가 교도소에 갇혀 있는 동안 세계에 보여준 그런 강인함을 말한다. 그는 오랜 세월 남아프리카공화국의 감옥에 갇혀 있었다. 처음 7년 동안은 독방에 감금됐으며 아내와의 연락도 허용되지 않았다. 7년이 지난 후에도 여전히 통신 수단은 전혀 허용되지 않았다. 그는 신문을 읽을 수도 텔레비전을 시청할 수도 라디오를 들을 수도 없었다. 27년 후 석방됐을 때 그는 분노하거나 억울해하지 않았다. 오히려 그럴 시간이 없다고 말했다. 석방된 후 그는 조국이 속박에서 벗어나게 했다. 자신을 감옥에 가둔 바로 그 사람들의 지도자인 남아프리카공화국의 대통령이 됐다. 그 오랜 세월 무엇이 그를 지탱해 줬다고 생각하는가? 그건 기도였을 것이다. 그의 정신력과 내면의 힘이었을 것이다. 통찰과 신뢰는 그가 가진 전부였다. 이것이 진정한 힘이며 우리 모두는 그 힘을 얻으려고 노력해야 한다. 만델라는 27년을 감옥에서 보낸 후 73세의 나이에 남아프리카공화국 대통령이 됐다. 기도와 신뢰는 이러한 힘을 가지고 있다. 그리고 신념은 아주 간단한 사고에서 시작될 수 있다.

당신은 우리에게 주어진 신의 선물이다

당신은 선함과

희망의 씨앗이다

두려워하지 말라

진실을 말하라

그리고 영적 친구들의 조언에 귀를 기울이라

두려워하지 말라

그래야 한다면 진실 속으로 홀로 걸어가라

비전을 유지하라

당신은 우리의 꿈이고

우리의 희망이며

사랑에 대한 깊은 갈망이기도 함을 기억하라

느끼는 대로 말하라

그러나 연민을 기억하라

당신이 연주할 음악과

노래할 곡을 만들어

노래하는 이들과

노래의 선물을 잃어버린 이들

춤을 추는 이들 그리고

더는 음악을 듣지 않는 이들에게 선물하라

당신의 욕망을 두려워하지 말라

욕망은 세상이 중시하는 것에 대한

갈망일 뿐임을 알아두라

이 세상 밖의 일에 대한

더 중요한 갈망을 이해하라

그래도 매 순간을 기적으로 여기며

열정에 사로잡히게 하라

내면의 사랑이 당신을 인도하고

심장이 당신을 이끌고

마음이 길을 찾게 하라

절대 혼돈에 굴복하지 말라

아는 것도 있지만

모르는 것도 있고

알 수 없는 것도 있음을 인정하라

상황을 자신을 표현할 기회로 삼으라

이것이 인생 여정을 위한 비결이다

충돌은 끝이 없다

다른 사람에게 보이고 싶은 모습과

스스로 바라보는 모습

그리고 사랑하는 사람의 눈에 보이는

모습 사이에서

두려워하지 말라

당신의 본성은 신성하다

당신은 신이 만든

성스러운 불길 속

성스러운 불꽃이다

당신은

그리고

나는

그 불꽃의 수호자다

가라, 빛의 순례자여

자신 안에서 발견하라

위대하고 사랑받을 존재를

_ *토머스 M. 화이트Thomas M. White*

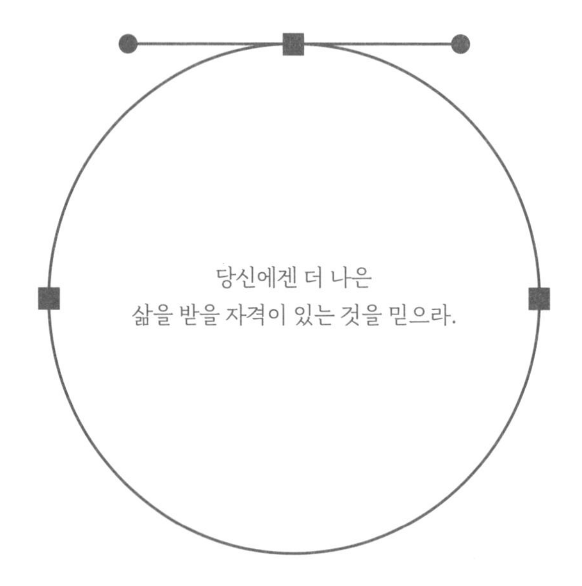
당신에겐 더 나은
삶을 받을 자격이 있는 것을 믿으라.

12장에서 내가 생각해 볼 것

나는 스스로 인정하는 이상의 존재다. 나는 전능한 존재에게서 힘을 부여받았으며 그것이 내 길을 인도하고 내 발걸음을 이끌어 주리라 믿는다. 이 힘은 내 안 깊숙이 자리하고 있다. 전능한 존재의 힘이 내 안에 있다. 이 만족의 원천이 내 것이다.

나는 강한 믿음과 확신을 가질 것이다.

나는 내 안에 있는 가장 특별한 곳으로 가는 길을 따라간다. 바깥세상에서 나를 둘러싼 모든 것을 감당하기 힘들 때 나는 그곳으로 간다. 그곳에 자주 갈수록 나는 더 강해진다. 그것이 내 안에 존재하므로 언젠가는 바깥세상도 그와 같아지리라고 믿는다.

내가 끌어낼 수 있는 믿음은 무한하다. 이는 나뿐만 아니라 믿음을 보충해야 할 모든 사람을 위해 존재한다. 진실로 내 잔이 넘친다.

13장

사랑

더 많이 사랑할수록 더 크게 성장한다

●

나무, 풀, 동물, 사람 등 모든 것을 사랑하라.
그들 속에서 사랑을 보라.
그들의 중요성을 보라.
그러면 당신 자신의 중요성을 알게 될 것이다.

박애

사랑은 보편적인 암호다. 세상 모든 사람은 사랑을 원한다. 존중과 마찬가지로 사랑을 받으려면 자신을 먼저 사랑해야 한다. 온전히 정직하게 자신을 사랑하라. 더 많이 사랑하고 세상에 사랑을 전파할수록 자신이 크게 성장함을 알게 될 것이다. 사랑하면 자신에게 좋은 일이 더 많이 일어남을 알게 될 것이다. 당신을 좋아하는 마음이나 당신을 향한 관심이 느껴지지 않는 사람 또는 당신이 좋아하기 힘든 사람을 사랑하기란 어려울 수 있다. 하지만 그들이야말로 당신의 사랑을 가장 필요로 하는 사람이다. 상처로 인해 미워하고 악의적으로 행동하는 데는 너무 많은 에너지가 소모되며 부정적 결과가 돌아올 뿐이다. 증오는 세상 어떤 문제에도 해답이 되지 못한다.

누군가 당신을 좋아하지 않는데 매일 그를 찾아가 그에 대한 사랑을 보여줘야 한다는 얘기가 아니다. 마음속에 그들에 대한 애정을 갖고 앞으로 나아가야 한다는 것이다. 당신이 우주로 사랑을 보낼 때 사랑과 선의의 정신이 당신에게 돌아온다. 사랑은 당신 삶에 변화를 일으키는 가장 효과적인 도구다. 사람들이 뭐라고 하는가? 하나님은 사랑이라고 한다! 나무, 풀, 동물, 사람 등 모든 것을 사랑하라. 그들 속에서 사랑을 보라. 그들의 중요성을 발견하라. 그러면 당신 자신의 중요성을 알게 될 것이다. 그럴 때 당신은 뭔가의 목표에 그치지 않을 것이다. 당신은 우주의 특별한 피조물이 되기 시작할 것이다. 나는 그런 존재를 우주의 자녀라고 부른다. 사랑을 통해 당신은 모든 사물과 하나가 될 것이며 모든 사물이 당신과 하나가 되거나 당신의 일부가 될 것이다.

사랑은 여러 형태를 띤다. 사랑과 섹스를 동일시하는 실수를 범하지 말라. 섹스가 유일한 사랑의 준거인 사람도 있다. 자라는 동안 다른 사랑을 경험하지 못한 이들이 그렇다. 그들이 아는 유일한 사랑은 외부 세계에서 배운 육체적 사랑뿐이다. 진정한 사랑은 더 깊이 있으며 두 사람이 아니라 더 많은 사람을 향한다. 사랑은 우리를 우주 만물과 연결해 준다.

친구

내게는 친구가 많고 그들은 모두 훌륭한 사람이다. 그들은 내 인생에 들어와 내게 많은 것을 가르쳐 줬다. 당신이 이 책의 공식(모든 일을 긍정적으로 바라보기 등)을 실천하기 시작하면 사람들이 당신 삶에 들어오는 데는 다 이유가 있음을 알게 될 것이다. 그들이 당신에게 가르침을 주기 위해서일 수도 있고 당신이 그들의 스승 중 하나기 때문일 수도 있다. 당신은 긍정적인 사람들에 에워싸이도록 노력해야 한다. 자기 삶에 긍정적인 일이 일어나도록 노력하는 친구를 찾으라. 장미를 바라보며 가시만 보는 사람이 있는가 하면 가시가 보호해 주는 아름다운 꽃을 보는 사람이 있다. 낙관적인 사람은 곁에 있으면 즐겁지만 언제나 인생에서 최악의 면만 보는 사람은 목에 채워진 족쇄처럼 거추장스럽다. 이 원칙은 당신의 태도와 사고방식과도 관련 있다.

당신이 누군가를 만나면 그들에게서 뭔가를 배우게 될 것이므로 선량하고 건실한 사람을 만나라. 좋은 친구를 두기는 쉽다. 이 역시 당신이 선택할 수 있는 문제다. 단, 좋은 선택을 해야 한다. 아마 많은 사람이 친구를 선택한 게 아니라 그냥 그가 곁에 있어서 친구가 됐다고 말할 것이다. 하지만 당신은 옳고 그름의 차이를 알 것이다. 당신이 만난 사람이 모두 당신의 친구가 되지는 않을 것이며 당신도 그러길 원치 않을 것이다. 그들은 좋은 가치관을 가진 사람일 수도 있지만 도둑질을 하거나 자신을 돋보이게 하려고 거짓말을 하는 사람일 수도 있다. 그런 이들과는 어울릴 필요가 없다.

필은 나이키 회장이며 최고경영자일지 모르지만 내게는 그가 친구라는 사실이 더 중요하다. 우리의 우정은 직업적, 개인적 세계에 대한 내 이해에 변화를 가져왔다. 인생의 기회는 우습게 찾아오기도 한다. 그게 단지 우연일까, 아니면 당신이 만들어 낸 기회일까?

이 책의 공식들은 당신이 믿고 따른다면 정말로 효과가 있다. 당신이 선하고 '올바르고' 긍정적으로 생각하기 시작할 때 그런 생각이 사람들을 당신 세계로 데려오고 친구로 만들어 줄 것이다. 생각이 긍정적이고 순수하다면 당신에게 끌리는 사람도 그럴 것이다. 생각이 부정적이라면 부정적인 사람들을 끌어모을 것이다. 단순한 얘기로 들리겠지만 정말 그렇다. 유유상종이라고 하지 않는가. 그러니 친구를 신중히 택하라.

행복

행복은 다른 사람에게 맡기기에는 너무 중요한 문제다. 너무 많은 사람이 자신은 도무지 행복해질 수 없을 것 같다거나 자신을 행복하게 해줄 사람을 만나지 못했다는 얘기를 한다. 잘 듣길 바란다. 나를 행복하게 해줄 사람은 나 자신이다!

이는 스스로 통제할 수 있는 또 다른 중요한 부분이다. 무엇을 보든 좋은 면에 집중하라. 기억하라! 가시밭길을 피할 수는 없지만 살면서 일어나는 일을 달리 바라볼 방법은 늘 있다. 비가 내리면 비를 맞은 잔디가 얼마나 푸르고 아름다워질지 생각하라. 새가 지저귀면 새소리가 얼마나 멋진지 생각하라. 주변의 아름다움을 감상하라. 세상은 아름다움으로 가득하다. 소소한 것을 사랑하는 법을 배워라. 이른 아침 산책을 하면서 새로운 하루가 열리는 신선한 향기를 맡으라. 일몰이나 일출을 바라보라. 뛰어노는 어린아이를 바라보라. 이 모든 풍경 속의 자신을 그리면서 행복을 생각해 보라. 그러면 그럴수록 자신이 행복하다는 생각이 들 것이다. 폭풍 속 풀잎처럼 기분이 오락가락하지 않을 것이다. 성가신 일이 있다면 주변에서 아름다움과 경이

로움을 찾아라. 나비나 꽃이 될 수도 있다. 흩날리는 눈이나 창틀에 춤추듯 떨어지는 비가 될 수도 있다. 주변에서 일어나는 일과 상관없이 어떤 움직임에서든 행복을 찾을 수 있다. 당신 스스로 행복해질 수 있다. 자신의 행복을 다른 사람에게 맡기지 말라.

용서

용서는 보편적인 법칙이다. 속으로 다른 사람에게 악감정을 품고 있다면 긍정적인 선한 생각을 할 수 없다. 이미 말했듯이 누군가 당신에게 나쁘거나 잘못이라고 생각되는 행동을 한다면 사실 그들은 당신이 아니라 자기 스스로에게 잘못을 범하는 것이다.

다시 말하지만 나는 어떤 사람이 내 삶에 들어오는 데는 다 이유가 있다고 진심으로 믿는다. 그들 한 명 한 명이 내가 누구인지 그리고 내가 인생의 어느 지점을 가고 있는지에 관해 많은 가르침을 줬다. 대학에서 코치 생활을 할 때 농구 팀의 한 선수인 존이 내 약혼자와 사귀기 시작했다. 인생이란 게 그렇듯 그 사실을 가장 늦게 안 사람은 나였다. 둘의 관계를 알았을 때 나는 두 사람 모두에게 그 사실을 알렸다. 약혼녀와 나는 좀 더 사귀었지만 얼마 후 파혼했다. 존과 나는 한동안 소원해졌다.

대학 팀 스타였던 존은 4학년 때 프로 농구 드래프트에서 1차로 선발됐다. 존은 대학 팀에서 프로 팀까지 너무 편히 사는 듯했다. 하지만 그에게도 불운이 닥쳤고 잘못된 길로 들어서 마약에 손대기에 이르렀다. 그는 경기에 빠지기 시작했고 원정 경기도 가지 않았다. 그런 모습을 보면서 나는 '좋은 사람을 곁에 둬야 하는데' 하는 생각을 했다. 그에게는 진정한 친구가 필요했다. 그래서 내가 그런 친구가 돼줬다. 우리는 함께 어울리기 시작했다.

후에 나를 나이키에 연결해 준 사람이 그였다. 그의 누나가 나이키 농구 동부 지역 총괄부장과 사귀고 있었는데 그는 곧 서부로 이사할 예정이었다. 존은 그 자리를 채울 사람을 뽑을 거라고 알려줬다. 나는 그 부장을 몰랐지만 어느 날 전화번호부에서 그의 번호를 찾아 전화했고 몇 차례 그와 만났다. 그리고 이력서를 보내보라는 그의 말에 그렇게 했다. 그를 만난 지 6개월쯤 지났을 때 그가 느닷없이 전화해 내가 채용됐다며 언제부터 출근할 수 있냐고 물었다. 정말 놀라운 일이었다.

갑자기 찾아온 뜻밖의 기회였다. 내가 아는 많은 사람은 (그리고 아마 당신이 아는 몇몇도) 존이 곤경에 빠졌을 때 아마도 기분이 좋았을지 모른다. 그들은 '뿌린 대로 거두는군' 하고 생각했을 것이다. 하지만 해는 다른 사람이 아니라 자신에게 끼칠 뿐이라는 사실을 기억하라. 만약 내가 상처를 입었다고 해서 존에게 등을 돌렸다면 나 자신만 다쳤을 것이며 세상의 불행을 늘렸을 것이다. 하지만 그를 용서할 생각이 앞섰던 나는 같은 인간으로서 그에게 도움의 손길을 내밀었다. 내가 그때 그렇게 하지 않았다면 지금 같은 삶을 살지 못했을 것이다. 이런 경험에 주목한 나는 사랑과 용서를 토대로 행동할 때 늘 더 많은 호의를 입게 됨을 알게 됐다. 모두가 이 원칙을 지켜야 한다. 강력하고 효과 있는 원칙이기 때문이다. 용서하라. 분노는 당신을 아프게 할 뿐이다.

13장에서 내가 생각해 볼 것

나는 사랑이 우주에서 가장 강력한 도구임을 기억하려고 노력한다. 사랑해 주기 가장 어려운 사람이 사랑을 가장 필요로 하는 사람이란 것을 기억하라. 나는 긍정적인 사람을 주위에 두고 서로 애정 어린 지지를 보낼 수 있게 한다.

나는 내 행복의 근원이 나 자신임을 알고 있다. 내가 진정으로 행복하지 않다면 다른 누구도 행복하게 해줄 수 없다.

나는 내게 잘못을 범한 사람을 용서한다. 부정적 생각을 담아두면 마음이 어두워질 뿐이며 좋은 일이 일어나지 않는다. 내게 좋은 일이 연이어 일어날 것이므로 어떤 것도 이를 방해하게 두지 않을 것이다!

나는 내 몫의 좋은 일을 전부 누릴 자격이 있다.

14장

열정

이 문이 닫히게 하는 요인은 오직 하나,
두려움이다!

●

당신 안에는 훌륭한 재능이 있다.
당신의 내면 깊은 곳에는 지금까지 일어났고 일어날 수 있는
모든 일을 할 수 있는 능력이 있다.

전력 질주

가능한 한 열정을 갖고 일하려고 노력하라. 그게 학업이든, 취미든, 생계를 위한 일이든 상관없다. 어차피 해야 할 일이라면 조금만 더 노력하면 전력을 다할 수 있다. 제대로 몰두하지 않고 건성으로 일할 수도 있겠지만 과정에 쏟아부은 노력만큼의 결과밖에 얻지 못할 것은 예상해야 한다. 이는 당신이 일을 대하는 방식의 문제다.

나는 어떤 일을 시도할 때면 나보다 먼저 그 일을 가장 훌륭히 해낸 사람을 떠올린다. 앞서 얘기했듯이 나는 자전거 타기를 좋아해 열정적으로 자전거를 탄다. 내가 당대 최고의 사이클 선수로 투르 드 프랑스에서 다섯 차례 우승한 미겔 인두라인Miguel Indurain이라도 된 양 생각한다. 패럴림픽에서 금메달을 딴 에이프릴 홈스April Holmes도 떠올린다. 그는 다리를 잃은 후 자기 연민에 빠지지 않았다. 내가 농구 선수로 뛸 때는 스스로를 전성기의 빅 오라고 생각했다. 테니스를 칠 때는 존 매켄로John McEnroe라고 생각했다. 당신도 최고가 되고 싶다면 당신이 하려는 일을 최고로 해낸 사람들을 생각해 보라.

음악이 당신을 행복하게 해준다면 최고의 연주자를 생각하라. 그 사람이 뭘 하고 얼마나 많은 시간과 노력을 들여 최고가 됐는지 알아볼 마음도 없으면서 최고가 될 수는 없다. 처음부터 최고인 사람은 없다. 끊임없이 노력해야 최고가 될 수 있다.

내가 아는 특별한 사람은 평소에는 다른 사람과 다를 게 없지만, 자기 일을 할 때 비로소 특별해진다. 훌륭한 피아니스트나 작가, 교수 또한 자기 일을 하기 전까지는 자신이 얼마나 특별한지 모른다. 그들이 다른 여러 가지 일은 특별히 잘하지 못할 수도 있다. 다른 일에 아주 서툰 경우도 있다. 그러나 그들은 잘하는 일에 관해서는 누구보다 뛰어나다. 비범한 사람은 열망에 불타는 평범한 사람일 뿐이다. 그러므로 당신이 비범해지고 싶다면 삶에 열광하고 마음과 영혼을 다해 살라. 당신이 가진 모든 것을 인생에 바친다면 그 노력과 성취에 기분이 좋아질 것이다.

재능

우리 각자에게는 특별한 재능이 있다. 자라면서 자신이 뭘 하고 싶은지 또는 뭐가 되고 싶은지 정확히 아는 사람도 더러 있지만 이를 알아내기 위해 노력해야 하는 사람이 더 많다. 어느 쪽에 해당하든 재능은 당신 안에서 펼쳐질 기회만 기다리고 있다. 이미 느꼈을 수도 있고 아직 내면 깊숙이 묻혀 있을 수도 있지만 재능은 당신 안에 있다.

그런데 이런 재능이란 선물 중에는 개봉될 기회도 얻지 못한 채 그대로 묻히는 것이 많다. 너무나 많은 사람이 자신의 재능이 무엇인지 차분히 알아볼 시간을 갖지 않는다. 그들은 주변 세상의 일로 너무 바빠 그들 안에서 어떤 일이 펼쳐지려 하는지 알아채지 못한다. 재능을 발견하는 법을 배운다면 소중한 가르침이 될 것이다.

당신은 장차 매우 중대한 일을 할 수 있는 존재다. 당신은 특별한 이유로 이 세상에 온 특별한 사람이다. 당신 안에는 훌륭한 재능이 있다. 당신의 내면 깊은 곳에는 지금까지 일어났고 일어날 수 있는 모든 일을 할 수 있는 능력이 있다! 그러나 너무 많은 사람이 이 놀라운 힘을 알아보지 못한다. 소수만이 문을 열고 깊은 내면에 도달해 자신에게서 최고를 끌어낼 수 있는 집중력을 얻는다. 이 문이 닫히게 하는 요인은 오직 하나, 두려움이다! 우리 모두에게는 남들만큼 또는 이 세상 누구보다 잘할 수 있는 일이 있다. 문제는 그게 무엇인지 알아내는 것이다. 이집트 피라미드가 하룻밤 사이에 건설되지 않았듯 위대한 것은 대부분 오랜 시간에 걸쳐 완성된다. 당신이 할 일은 자신에게 가장 중요한 일을 찾아내고 그를 추구하는 것이다.

주변 모든 일과 당신이 하는 모든 일을 인식하려고 노력하라. 당신이 정말 즐거이 하거나 특히 잘할 수 있는 뭔가가 있을 것이다. 당신은 다른 사람보다 조금 더 빨리 달릴 수 있을지 모른다. 반 친구보다 수학이 좀 더 쉬울 수도 있다. 모두가 주목하는 재담꾼일 수도 있다. 숫자나 철자, 어휘에 재능이 있거나 사람이나 동물 돌보기에 재능이 있을 수도 있다. 사람들이 도움을 청할 수 있다고 느끼는 사람, 사람들이 귀를 기울여 주는 사람일 수도 있다. 주변 모든 일을 의식하고 선생님들이 학교에서 또는 생활하면서 해주는 말을 경청하라. 당신 삶이 나아지게 해줄 수 있는 조언만 선별해 들으라. 다시 말해 당신을 칭찬해 주는 말만 듣고 당신을 부정적으로 얘기하는 사람은 무시하라. 재능을 찾기가 쉽지 않을 수도 있다. 처음에는 재능을 보지 못할 수도 있다. 그래도 인생의 강이 어디로 흘러가고 있는지 알고 있으며 당신은 괜찮을 거라고 믿어라.

과거를 곱씹으며 시간을 보내지도 말고 미래를 궁리하는 데 모든 노력을 기울이지도 말라. 과거는 과거일 뿐이다. 당신이 과거를 바꿀 수는 없지만 과거에서 배울 수는 있다. 그러나 과거를 걱정하며 시간을 다 써버릴 수는 없다. 당신이 원하는 것은 미래다. 이제 내 말을 똑똑히 들어라. 미래를 준비하지 말라는 것이 아니다. 왜냐하면 미래는 당신이 생각한 것보다 빨리 올 것이기 때문이다! 내가 하려는 말은 소중한 지금, 현재는 그 무엇으로도 대체할 수 없다는 것이다. 온갖 좋은 일이 일어나고 있는 때가 지금이기 때문이다. 일을 끝내야 할 때도 지금이다. 언젠가 다음에 하겠다고 미루지 말라. 내 어머니 세대에는 "오늘 할 수 있는 일을 내일로 미루지 말라"고 했다. 그래야 일을 끝내고 다음으로 넘어갈 수 있다. 사람들은 절대 일어나지 않을 일을 걱정하거나 이미 어찌 할 수 없고 절대 변하지도 않을 일을 되새기는 데 너무 많은 시간을 쓴다.

중요한 것은 지금이다. 긴장을 풀라. 자신만의 소중한 재능을 찾기 위해 가만히 조용히 있어보라. 당신을 기다리는 뭔가가 있을 것이다. 당신과 당신의 재능이 만나 서로 하나가 되길 바란다.

내 재능은 사람과 연관이 있다. 나는 세상을 돌아가게 하는 것은 사람이며 사람들에게 봉사하는 것이 내 삶이라고 생각한다. 우리는 사람들에게 서비스를 제공하기 때문에 돈을 번다. 받기 때문에 얻는 것이 아니라 주기 때문에 얻는다. 그리고 더 많이 줄수록 더 많이 돌려받는다. 성공한 사람은 대체로 남들이 자신만큼 잘할 수 없는 중요한 것을 제공했다고 생각한다. 사람들에게 도움이 되라. 빌 게이츠Bill Gates는 소프트웨어로 굉장한 도움을 줬다. 알렉산더 그레이엄 벨Alexander Graham Bell도 전화기로 도움을 줬다.

어떤 사람은 가슴으로 갈망하는 일로 직진하는 길을 본다. 어떤 사람은 길을 우회한다. 그러나 어느 쪽이든 길을 가는 도중 배운 모든 것이 어느 순간 유용하게 쓰일 것이다. 습득된 지식은 헛되이 버려지는 법이 없다. 나는 경력을 쌓아오는 동안 얻은 모든 교훈을 통해 기업인으로 성장했다. 메릴랜드대학교에서의 코치 경험은 매우 중요했다. 교내 체육 프로그램 운영 부서에서의 경험도 마찬가지다. 보험 업계에서의 짧은 경험까지도 유용했다. 당신이 지금 마음에 들지 않는 일을 하고 있다 해도 그 경험이 앞으로 어떤 도움을 줄지 알 수 없으니 그 일에서 가능한 한 많은 것을 습득하려고 노력하라.

당신이 잘하고 싶은 일이 있다면 다른 사람은 내켜 하지 않을 노력을 기울여라. 시험이나 발표 준비를 위해 새벽 4시에 일어나야 한다면 그렇게 하라. 주도적으로 행동하라. 쓰레기를 버리는 간단한 일이라도 그 일을 특별하게 바꿀 방법이 있다. 한 달에 몇 번 쓰레기통을 씻어주면 된다. 지시를 받아서 하는 일이어서는 안 된다. 자부심과 열정을 갖고 그렇게 하라. 일일이 지시를 받아야 하며 자기 일인데도 건성으로 하는 사람 중 하나가 되지 말라. 세상에서 가장 하찮은 일이든 가장 근사한 일이든 품위 있게 그 일을 할 수 있다. 누군가 그 직업과 그 일을 하는 사람의 중요성을 사람들에게 인식시키기 전까지, 모든 직업이 한때는 하찮은 일이었다. 당신이 얼마나 훌륭한 일을 하고 있는지 아무도 봐주지 않는다고 해도 노력하는 자세를 견지하는 것이 좋다. 그럼 열심히 일하는 것이 습관이 될 것이며 결국에는 주목받을 것이기 때문이다.

내 친한 친구인 론 카운슬Ron Council은 대학 졸업 후 사람은 최대한 학위를 취득해야 한다고 말했다. 나는 학위 취득은 그가 해야 할 일일 거라고 말해줬고 그는 박사 학위까지 땄다. 지금 그는 카운슬 박사다. 나는 론에게 내 장래는 사람을 상대하는 일이라고 말했다. 사람들과의 상호작용이 내 장기라고 항상 느꼈기 때문이다. 내가 기억하는 한 사람들은 나를 따랐다. 장난감 말 타기든, 농구 코트에서든, 일상에서든 나는 사람을 좋아했다. 나는 론이 그의 적성에 맞게 필요한 모든 교육을 받고 내가 우리 두 사람에게 필요한 사람을 알아두면 되겠다고 말했다. 그래서 사람이 필요한 일이 있으면 그가 내게 연락하고 책과 관련된 일이 있으면 내가 그에게 연락하기로 했다. 내 눈에는 꽤 좋은 거래 같았다.

그때부터 나는 사람들이 재능을 발견하도록 도와주는 재주가 있었던 것 같다. 어떤 때는 재능이란 선물을 묶은 리본의 매듭을 풀 수 있게 도움의 손길을 살짝 내밀어 주기만 하면 된다. 어떤 사람은 약간의 격려만 있으면 자신 안에도 발휘되기만을 기다리는 멋진 재능이 있음을 금세 알아차린다. 내가 살면서 만난 많은 사람이 내 재능을 알려줬다. 내게도 다른 사람이 재능 선물 상자의 리본을 찾도록 도와줄 의무가 있지 않을까? 당신의 선물을 찾고 다른 사람도 그들의 선물을 찾도록 도와주라. 절대로 자신의 목적을 찾지 못하는 사람 또는 다른 사람의 위대한 잠재력이 낭비되는 것을 그냥 지켜보는 사람 중 하나가 되지 말라. 당신의 재능을 감싼 포장지의 리본을 찾는다면 그 속에서 평생의 보물을 찾을 것이다. 부지런히 찾아보라. 답이 그 안에 있다. 가능한 최고의 미래를 향한 희망이 지금 당신 안에 있다.

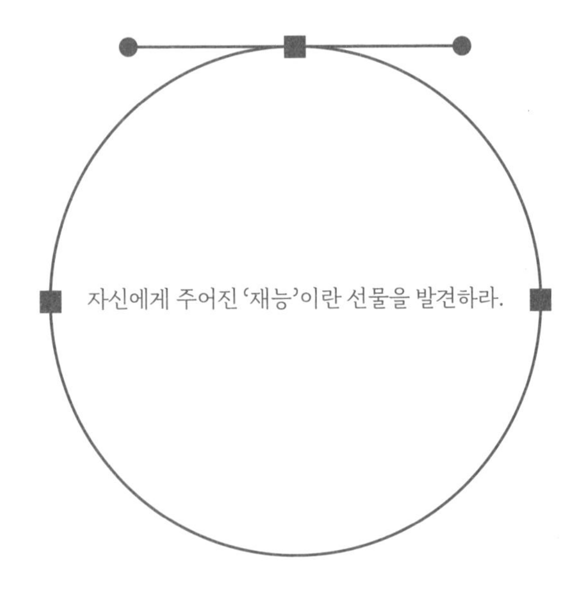
자신에게 주어진 '재능'이란 선물을 발견하라.

14장에서 내가 생각해 볼 것

나는 조용히 가만히 앉아 내면 깊숙한 곳을 들여다보며 진정한 열정을 찾는다.

내 재능을 알아차리고 앞서간 사람들의 선례를 통해 재능을 키우기 위해 노력한다. 그 과정에서 다른 사람도 격려해 준다.

나는 모든 일에 최선의 노력을 기울인다.

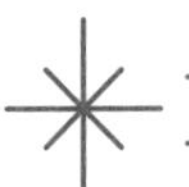

15장

명예

굳건하고 확고한 기반은
자기 자신을 지켜준다

너희에게 재산과 명성을 물려주지는 못해도
좋은 평판을 물려주니 소중히 여기렴.
릴리언 M. 화이트

자신감과 진실함

명예란 아무리 유명하고 재산이 많아도 살 수 없는 것이다. 하지만 팔아넘길 수는 있으며 한번 팔아넘기면 더는 가질 수 없다. 자신감과 진실성이 있다면 명예는 저절로 따라올 것이다. 이들은 연결된 퍼즐 조각이기 때문이다.

이때 진실성은 상황에 흔들리지 않는 완전한 정직함을 말하며 우리는 이런 진실성에 도달하기 위해 노력해야 한다. 당신은 언제나 고개를 높이 들 수 있는 자신감을 가져야 한다. 돈도 용모나 옷차림도 머리 모양도 이런 보물을 줄 수 없다. 당신이 가진 생각과 살아가는 방식만이 이를 줄 수 있다. 내 조카딸 리사 화이트 페어팩스Lisa White Fairfax는 할머니의 장례식에서 후회 없는 삶을 살겠다는 결심을 했다고 내게 말했다. 명예롭게 산다면 후회할 이유가 없다.

나는 권력과 재산, 명성은 있지만 명예롭지 못한 사람들을 알고 있다. 그들은 그 사실이 탄로 나면 달아나 숨고 싶어 하며 그와 함께 자신감도 자취를 감춘다. 당신이 명예를 지켜온 사람이라면 어떤 문제가 닥쳐도 맞설 수 있을 것이다. 물러서지 않고 자신감과 진실함을 방패 삼아 싸울 것이다. 그 사태에 잘 대처할 수 있고 옳은 편에 서 있기 때문이다. 자신감과 진실함을 유지하라. 그러면 언제나 굳건하고 확고한 기반 위에 당당히 서게 될 것이다.

정직

당신이 정직해야 할 사람은 오직 하나, 바로 당신 자신이다! 정직은 성공에 도달하게 해주는 여권이다.

당신이 자신에게 정직하지 않을 때 잃는 사람도 바로 당신이다. 아마 당신은 많은 사람이 속임수를 쓰거나 원칙을 무시하면서 남보다 앞서간다고 생각할 것이다. 그게 사실일지도 모르지만 언젠가는 그것이 그들의 걸림돌이 될 것이다. 그들은 마음속 깊은 곳에 자신이 잘못을 저질렀다는 사실을 안고 살아야만 한다.

속임수를 쓰거나 부정직한 행동으로 남보다 앞서려고 했을 때 나는 전보다 못한 처지가 됐다. 다른 사람에게 들켰는지 아닌지는 중요하지 않다. 당신의 행동으로 이득을 얻거나 얻지 못하는 사람은 궁극적으로 당신일 것이다. 원한다면 속임수를 쓰라. 원한다면 거짓말 또는 도둑질을 하

라. 하지만 당신이 해를 끼치는 사람은 당신 자신일 뿐이다. 그것이 기묘한 우주의 법칙 중 하나다.

결국에는 자기 행동에 상응하는 결과를 얻게 된다는 이 이론은 1년 365일, 늘 100퍼센트의 진실임을 이해해야만 한다. 여기서도 순환 개념이 등장한다. 우리는 심은 대로 거두게 돼 있어서 자신이 한 행동의 결과가 자신에게 고스란히 돌아온다. 그리고 가장 곤란한 사실은 자기 행동의 결과가 언제 되돌아올지 그 시기를 선택할 수 없다는 점이다. 하필 그때 나쁜 일이 겹치면 최악인 시기가 될 수도 있다. 이 점을 기억하라. 이건 가끔 맞는 게 아니라 늘 맞는 사실이기 때문이다.

잘난 체하거나 자신이 아닌 누군가 또는 뭔가가 되려고 하지 마라. 당신이 위장한다 해도 언젠가는 남들에게 간파당할 것이다. 사람들은 당신이 위장한 모습을 꿰뚫어 보고 폭로할 것이다. 이 책에서 단 한 가지만 배운다면 그건 당신이 중요한 존재라는 사실이었으면 한다. 그 사실을 믿기 힘들다면 내가 여기서 얘기한 아이디어들을 따라 해보라. 그러면 점점 그 사실을 믿게 될 것이다. 당신이 변해가는 모습을 자랑스럽게 여기게 될 것이다. 나는 당신이 자기 외의 어떤 사람도 되고 싶어 하지 않길 바란다. 우리는 모두 자기 처지보다 남의 처지가 더 편안하다고 생각한다. 내 말을 믿어도 좋다. 보기에만 그럴 뿐이다. 온전히 다른 사람의 입장이 되기 전까지는 그들의 삶이 얼마나 어려운지 알 수 없다. 명성과 재산을 가진 사람이 유명하다고 해서 반드시 쉽게 사는 것은 아니다. 당신은 당신에게 꼭 맞는 삶을 살고 있다. 당신이란 존재는 하나뿐이다. 그 사실에 자부심을 느끼고 세상에 이바지할 수 있는 특별한 재능을 찾으라. 자신에게 솔직해져 진정한 자신을 본다면 세상에도 솔직해지고 자신이 되기 위한 노력만을 기울일 것이다. 진실하고 솔직한 사람이 되라. 그럼 가장 필요할 때 보상받을 것이다.

나는 정직한 환경에서 자랐다. 보험설계사에게 어머니가 안 계신다고 말한 것을 부정직한 행동으로 간주하지 않는다면 말이다. 우리는 그때 외에는 진실을 말해야만 했다.

고등학교에 다닐 때 사탕을 사러 슈퍼마켓에 들른 적이 있다. 사탕값을 치르려고 할 때 계산원이 내게 사탕만 샀느냐고 물었다. 나는 그렇다고 대답했다.

그가 다시 물었다. "확실하니?"

나는 "네"라고 대답했다.

그는 "주머니에 있는 건 뭔데?"라고 다시 물었다.

나는 주머니에 아무것도 없다고 말했다. 하지만 결국 주머니 속을 뒤집어 보여줘야 했다. 어쩌면 그는 실제로 내가 뭔가를 집는 모습을 봤다고 생각했을지도 모르지만, 나는 내가 흑인 아이 또는 아이라는 이유만으로 물건을 훔치러 가게에 왔다고 속단하고 그런 질문을 했다는 생각이 들었다. 그건 나에 대한 그의 견해일 뿐이었다. 하지만 내가 정직한데도 그걸 증명해야 한다면 그러지 뭐 싶었다. 어쩌면 그 일이 상점에 들르는 흑인 아이 또는 아이에 대한 그의 견해를 바꿔놓았을지 모른다. 그러나 이 사건으로 인해 다른 사람에 대한 내 의견이 바뀌거나 다른 사람이 나를 싫어한다고 생각하지는 않았다. 나는 모든 백인이 흑인 아이 또는 모든 아이를 부정직한 존재로 생각한다며 속상해할 수도 있었다. 아니면 반대로 다른 품성, 즉 정직성을 보여줄 기회로 삼을 수도 있었다.

사람들은 자신이 원하는 대로 생각할 수 있지만 당신을 비난하는 사람이 옳은지 그른지는 당신에게 달려 있다. 다시 말하지만 당신의 운명을 좌우할 사람은 오직 당신 자신뿐이다. 다른 고객 앞에서 의심받는 일은 고통스러웠다. 창피했다. 내 진실성이 의심받았으니까! 내가 이 얘기를 해주고 싶었던 이유는 당신과 내가 그리 다르지 않음을 깨닫길 바라기 때문이다. 당신이 하지도 않은 일로 당신을 비난하거나 당신의 정직성을 믿어주지 않는 사람이 분명 있었을 것이다. 당신이 비난받을 때 그 비난은 진실을 보여줄 수 있는 발판을 제공해 줄 뿐임을 기억하길 바란다. 당신이 언제든 통제할 수 있는 한 가지는 바로 당신이다. 인생의 어떤 상황에서든 자신의 행동과 반응은 언제나 통제할 수 있다.

리더십

세계의 미래는 리더와 그를 따르기로 선택한 사람에게 달려 있다. 세상 사람 가운데 90퍼센트는 추종할 대상을 찾고 나머지 10퍼센트가 이런 이들을 이끄는 사람이다. 그 10퍼센트 중 절반은 선과 인생의 대의를 위해 리더가 되지만 절반은 반대 이유로 리더가 된다. 목적이 나쁜 리더도 목적이 선한 리더만큼 유능하며 종종 나쁜 길이 더 수월해 보이기도 한다. 당신이 90퍼센트 중 하나라면 리더를 잘 선택하라.

만약 당신이 리더가 될 수 있는 사람 중 하나라면 추종자를 돌보고 자신의 의무를 다하기 위해 열심히 노력하길 바란다. 총과 칼, 총알과 몽둥이를 쓰지 않고도 목적을 이루는 방법이 있다. 폭력을 믿지 않았던 예수, 간디, 마틴 루터 킹Martin Luther King 같은 리더를 보라. 그와 상반된 입장이었던 사람도 언젠가는 깨달음을 얻고 올바른 이유로 리더 역할을 할 수 있다.

진정한 리더십은 외로운 길일 수 있다. 세계의 위대한 지도자들이 겪은 비극을 보라. 하지만 이따금 다른 사람 모두가 잘못된 길로 가고 있는 것처럼 보일 때 당신이 이성의 목소리가 돼줘야 한다. 리더가 된다는 것은 집단이 완전히 다른 답을 원할 때 결연히 일어나 "아니"라고 말할 수 있어야 함을 뜻한다. 진실한 리더가 동료 사이에서 항상 인기 있지는 않을 것이다. 무관심 또는 노골적인 충돌에 직면해도 그들과는 다른 사람이 되라.

겸손

내가 겸손에 관해 얘기하고 싶은 이유는 겸손이 리더의 중요한 자질이기 때문이다. 세계의 위대한 지도자 다수는 겸손한 사람이다. 우리는 자신이 특별하다고 생각하기 쉽다. 어린이도 그렇게 생각하며 청소년도 마찬가지다. 물론 우리는 특별한 존재지만 나 자신밖에 모를 필요는 없다. 우리는 감사할 줄 알고 당당하면서도 겸손할 수 있다. 겸손함과 위대함은 밀접하게 관련돼 있다. 겸손하게 자신을 낮춰야 위대한 경지에 이를 정도의 배움을 얻을 수 있다.

케빈 가넷Kevin Garnett의 어머니가 내게 해준 얘기는 이 점을 확실히 증명해 준다. 케빈은 미네소타 팀버울브스Minnesota Timberwolves 팀의 재능 있는 슈퍼스타 농구 선수로 NBA에서 가장 흥미진진한 경기를 보여주는 선수 중 하나였다. 또 농구 선수 중 가장 정중한 청년이기도 했다. 그는 고등학교를 졸업한 후 곧바로 프로 선수가 됐다. 나는 그의 성장 환경이 그가 프로 선수 생활에 잘 적응한 이유 중 하나라고 생각한다. 그의 어머니는 오래전 자신의 어머니에게서 들은 얘기를 항상 케빈에게 들려줬다고 했다. 그건 바로 "가장 높이 나는 새도 먹이를 먹으려면 땅으로 내려와야 한다"라는 말이었다. 마음에 드는 말이다. 이는 당신이 아무리 대단한 사람이 되더라도 절대 잊어서는 안 될 사실이다. 나는 기러기 떼를 볼 때마다 케빈 어머니의 말이 생각난다.

필은 이런 유형의 겸손을 보여주는 살아 있는 본보기다. 필의 가족은 대단히 운 좋은 삶을 살아온 훌륭한 보통 사람이다. 그들이 누군지 모르고 본다면 그런 부자라고는 생각지도 못할 것이다. 그는 억만장자일지 몰라도 여전히 매일 직원 식당에 가서 직원들과 함께 점심을 먹는다. 그것이 진정한 리더의 특징이다. 그들은 아랫사람을 쉽게 만나주고 열린 마음을 보여줌으로써 계속해서 서로 배울 수 있게 한다.

존중

어머니께서 우리에게 주신 가르침 중 하나는 우리가 만나는 모든 사람은 존중받을 자격이 있다는 것이다. 살면서 당신이 존중받을 수 있는 유일한 길은 당신이 먼저 존중하는 것이다. 당신도 존중받을 수 있을지, 그게 언제일지 지금 걱정하지 말라. 지금 할 일은 먼저 다른 사람을 존중해

주는 것이다.

사람들이 우리에게 해준 얘기가 평생 마음에 남을 때가 종종 있다. 운이 좋다면 한 번 이상 그 말을 들을 수도 있다. 우리가 귀를 기울인다면 말이다. 내가 어머니에게서 두 번 들은 말이 있다. 처음으로 그 말을 들었을 때는 토요일 아침 거리를 걸어가고 있을 때였다. 우리는 나이가 지긋한 이웃 중 한 분인 리 씨 옆을 지나갔다. 눈에 띄게 절룩거리며 걷는 분이었다. 리 씨와 어머니는 인사를 나눴다.

"잘 지내시죠, 리 씨?"

"나야 잘 지내죠, 릴리언. 어떻게 지내요?"

나는 9~10세 남자아이가 으레 그러듯이 돌멩이를 집어서 던지며 말없이 지나쳤다. 그러자 리 씨가 지나간 후 어머니가 말씀하셨다. "다시는 인사도 없이 사람을 지나치지 마라. 개도 길에서 사람을 지나칠 때는 꼬리는 흔들 줄 안다." 어째선지 이 말씀이 머리에서 지워지지 않았다.

어머니께서 돌아가시기 6개월 전쯤 나는 어머니께 손주와 증손주 들이 당신을 어떻게 기억하면 좋겠냐고 물었다. 어머니는 잠시 생각하다가 이렇게 말씀하셨다. "사람을 대우할 줄 아는 사람으로 기억되고 싶구나. 개도 길에서 사람을 만나면 꼬리를 흔들 줄 아는 걸."

단 두 번 들었지만 절대 잊히지 않는 말이다.

겸손해질 때 우리는 자신을 열고 다른 사람의 말을 경청하고 배울 수 있다. 겸손은 다른 사람을 섣불리 판단하지 않고 존중하는 마음도 갖게 해준다. 이를테면 어른의 말을 듣기 힘들 때가 가끔 있다. 당신은 부모님이 시대에 뒤처지고 세상이 어떻게 돌아가는지 모른다고 생각할지 모른다. 부모님은 늙었고 그들의 시대는 지나갔다고 생각하기 때문이다. 나는 그분들이 당신이 고려하고 있는 많은 일을 해봤거나 봐왔다는 사실을 상기시켜 주고 싶다. 그러므로 그분들의 말을 경청하고 그분들에게 배워라. 최소한 당신이 언젠가 걷게 될 길을 가고 있는 분들이 아닌가. 당신이 그분들 입장이 됐을 때 어떤 대우를 받고 싶은지 생각해보라. 웃어른은 당신의 존중을 받을 자격이 있다. 그분들을 존중하고 그들이 필요로 할 때 도움의 손길을 내밀라.

모든 사람이 존중받길 원한다. 그러나 존중은 당신이 먼저 줘야 받을 수 있는 것 중 하나다. 당신이 다른 사람을 존중할 때 시곗바늘이 돌아오듯 당신도 존중받게 된다는 사실을 알게 될 것이다. 다른 사람을 존중할 수 없다면 당신도 존중받길 기대하지 말라. 또한, 다른 사람을 존중할 수 있고 그래서 당신도 존중받기 전에 먼저 자신부터 존중해야 한다.

나는 여행 중 공항에서 마이크 브라운Mike Brown이라는 남자와 대화를 나눈 적이 있다. 알고 보니 그는 세계적으로 유명한 시계 제조사 타이맥스Timex 직원이었다. 그는 회사를 통틀어 단 2명뿐인 흑인 직원 중 하나로 19년간 재직 중이었다. 내가 그런 회사에 다니기가 어땠는지 물었더니 그가 이렇게 대답했다. "초반에 저를 앉혀놓고 훌륭한 충고를 해준 분이 없었다면 여기까지 오지 못했을 겁니다. 처음에 그분과 자리를 함께했을 때 저는 제가 세상에서 제일 잘난 줄 알았어요. 대기업에 다니고 부서도 좋았거든요. 제가 무척이나 대단한 사람 같았죠. 드디어 큰물에서 놀게 됐구나 싶었어요. 그분은 중간에 면담을 중단하고 비공식적으로 얘기를 좀 해줘야겠다고 했어요. 제가 그 자리에서 보인 태도를 고수하면 곧 직장을 잃게 될 거라고 하더군요." 초면이었던 그 사람이 그의 삶을 바꿨다. 그 뒤로 마이크는 좀 더 공손하고 겸손한 사람이 됐다. 그는 자신을 앉혀놓고 조언해 준 그 사람이 그를 지금의 위치에 이르게 해줬다고 믿었다.

졸업 후 메릴랜드대학교를 방문했을 때 내게 다가온 사람은 그 반대였다. 무일푼 노숙자인 그는 우리와 함께 농구 선수로 뛰었던 친구였다. 얼마 전까지만 해도 우리는 모두 같은 코트에서 뛰던 사이였는데 이제 그는 거리에서 생활하고 있었다. 그는 프로 선수가 되지 못한 친구 중 하나였다. 부코치 빌리는 그를 위해 코트와 장갑 꾸러미를 준비해 줬다. 겸허해질 수밖에 없었던 이 경험을 통해 나는 성공과 실패는 백지장 차이임을 실감했다. 슈퍼스타도 속으로는 평범한 사람이듯이 길을 잘못 든 사람도 마찬가지다. 우리가 소유한 어떤 것도 영원하지 않다. 누구나 같은 곳에서 와서 같은 곳으로 간다는 점을 기억해야만 한다. 당신이 오늘 가진 것을 영원히 가질 거라 생각하지 말라. 겸손을 유지할 때 우리가 가진 것을 진정으로 소중히 여길 수 있고 다른 사람을 존중할 때 우리는 모두 존중받아 마땅함을 상기할 수 있다.

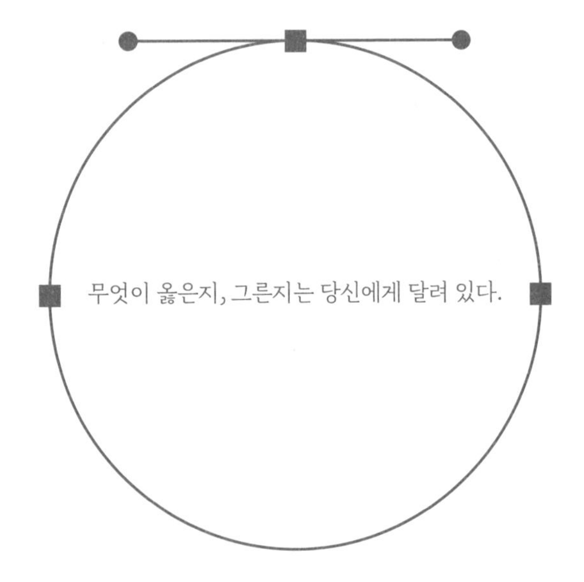
무엇이 옳은지, 그른지는 당신에게 달려 있다.

15장에서 내가 생각해 볼 것

나는 나 자신과 주변 사람들을 존중하며 누구를 만나도 배울 점이 있음을 알고 있다.

지금 나는 그 어느 때보다 겸손하다.

나는 모든 면에서 빛과 연관돼 있음을 느낀다. 이 느낌은 내가 겸손해지게 하고 위대한 일을 성취할 힘을 갖게 한다.

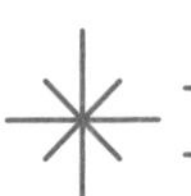

16장

성공

성공하는 데 정해진 길은 없다

현자의 발자취를 그대로 따르려고 하지 말라.
그들이 찾으려 했던 것을 찾으라.

바쇼Basho

성공의 재정의

성공하는 데 정해진 길은 없다. 성공은 아름다운 가정을 이루는 것처럼 기본적인 일일 수도 있다. 혹은 평범하지만 행복한 사람을 의미할 수도 있다(스포츠 스타나 동기 중 가장 똑똑한 학생, 텔레비전이나 라디오의 유명 인사가 아니라). 옳은 일을 하며 살아가면서 사람들에게 본보기를 보이는 것일 수도 있다. 성공하기 위해 온 세상에 알려진 사람이 될 필요는 없다. 자신과 주변 사람의 삶에 긍정적 변화를 가져오기만 하면 된다.

모든 사람이 자발적으로는 하지 않는 일을 하라. 이것이 중요하다. 일찍 일어나 하루를 시작하는 간단한 일이어도 좋다. 생각해 보라. 하루에 주어진 시간은 한정돼 있다. 정확히 말하면 24시간뿐이다. 모든 사람에게 똑같이 매일 24시간이 주어진다. 당신의 목표는 24시간을 더 잘 활용하는 것이다. 그 시간에 더 많은 일을 해내려고 노력하라. 24시간을 어떻게 활용할지는 당신에게 달렸다. 당신이 원하는 만큼 건설적으로 또는 파괴적으로 그 시간을 쓸 수 있다.

성공은 남들이 당신의 현재 또는 과거 직업을 어떻게 생각하는지에 달려 있지 않다. 당신의 생각이 중요하다. 당신이 원하는 삶의 방향을 생각해 보라. 부모님의 발자취를 따라가고 싶을 수도 있고 아니면 자기 나름의 다른 삶을 원할 수도 있을 것이다. 어떻게 해야 그 길을 갈 수 있는지 정확히 알지 못하더라도 생각해 보는 것이 출발점이 된다. 그러면 다음 단계를 알게 될 것이다.

당신은 남들이 정의 내린 성공을 시험하지 않을 것이다. 당신이 궁극적으로 만족시켜야 할 사람이 가장 중요하며 그 사람은 바로 당신 자신이다. 당신의 성과에 가장 엄격해야 할 사람도 당신이다. 자신에게 최대한의 기대를 걸라.

다른 사람을 따라잡으려고 애쓰거나 누군가 자신보다 잘한다고 기분 나쁘게 생각하지도 말라. 사실 사람마다 성과가 다른 편이 좋다. 모든 사람이 똑같은 결과를 낸다면 세상이 얼마나 지루하겠는가! 당신이 해야 할 일은 당신이 하는 일을 더 잘할 수 있도록 잘하는 사람에게 도움받는 것이다. 창피하게 생각하지 말고 그들에게 도움을 청하라. 그들이 더 나은 방법을 당신에게 보여줄지도 모르기 때문이다. 마찬가지로 당신이 특별한 재능을 갖고 있다면 다른 사람들도 나아질 수 있게 그 재능을 공유하길 두려워하지 말라.

사실 성공한다는 것은 단순히 늘 이전보다 조금만 더 잘하게 됨을 의미한다. 자신의 가장 엄격한 감시자가 될 때 당신은 성공할 것이다. 다음 공식을 기억하라. 첫째, 비전을 세우라. 둘째, 비전을 적어두라. 셋째, 희생 또는 포기할 것을 정하라. 넷째, 비전이 실현되게 하라. 이 순서대로만 한다면 내가 장담하건대 당신도 성공할 것이다.

모범

어느 날 신문에서 FBI가 '나이키 고위 간부'를 조사 중이라는 기사를 읽을 때까지 나는 내가 나이키 임원이라는 사실을 깨닫지 못했다. 신문을 읽으면서도 곤경에 빠진 사람이 누굴지 궁금해했다. 그게 나인 줄은 꿈에도 몰랐다! 나는 내가 임원직에 오르게 될 줄도 몰랐다. 임원직에 있는 것은 여전히 내가 특별히 염두에 두는 문제가 아니다. 나는 나이키와 가족을 위해 봉사하고 일하는 데만 관심 있다.

지금의 당신을 만든 것은 매일매일 당신이 하는 일이다. 그 일은 당신이 자신의 삶을 사는 동안 사람들에게 보이는 모습이기도 하다. 있는 그대로의 자기 모습으로 살아가면서 당신이 하는 일을 변명하지 말라. 항상 있는 힘을 다해 최선을 다하려고 애쓰라. 변화를 일으킬 수 있는 것은 당신의 외모나 옷차림이 아니라 사람 됨됨이다. 이런 태도로 살아가는 사람이라면 그들의 직함을 훨씬 능가하는 가치 있는 삶을 살게 될 것이다. 그들은 본보기가 될 것이다. 본보기가 돼 사람들을 이끌고 가르치는 것, 그것이야말로 모든 삶의 궁극적 목표다. 내가 회사 임원이든 복도에서 마주치는 평범한 사람이든 모범이 되는 행동이 언제나 나를 대변해 줄 것이다. 당신의 모범적 행동이 당신을 대변하게 하라.

균형

인생은 아주 단순하지만 우리는 온갖 것이 필요하다고 생각하면서 이를 복잡하게 만든다. 균형이란 우리 자신의 중요한 부분을 소홀히 하지 않으면서 당면한 모든 일을 처리할 수 있음을 뜻한다. 이는 지속적인 진화다. 다시 말하지만 인생은 아주 단순하다. 한 번 밀어붙이면 한 번 물러나 줘야 한다. 자신의 인생이 어땠으면 했는지 기억할 수 있도록 종종 뒤로 물러서서 큰 그림을 봐야 한다.

힘든 일일 수도 있지만 주변에서 무슨 일이 일어나고 있든 언제나 내면의 평화, 자신 및 모든 것과의 관계를 돌아볼 수 있다. 우리는 내면의 평화를 추구한다. 우리는 지식을 추구한다. 우리는 평등하게 주고받는다.

균형은 성공과 행복의 열쇠다. 나는 출신 환경 때문에 살아남기 위해 고군분투해야 했다는 사람을 만난 적이 있다. 그가 항상 싸움에 휘말리자 그의 어머니는 그를 가라테 도장에 데려갔다. 그는 싸움에서 자신을 지키는 법은 배웠지만 그 이상의 것은 배우지 못했다. 그런데 나이가 들고 좀 더 성숙해졌을 때 만난 가라테 사범은 그에게 싸우는 법은 충분히 배웠으니 이제 자신이 누군지 배울 필요가 있다고 했다. 그리고 그에게 이번 대회에 참가하면 결승까지 올라갈 거라고 했다(하지만 그는 늘 결승에서 패했다). 그리고 경기가 그의 삶에 균형을 더해줄 거라고 했다.

그는 인생의 성쇠, 음양을 느끼기 시작했다. 이 개념은 균형을 의미한다. 간단히 말해 모든 것에는 그에 대응하는 짝이 있다. 위가 있으면 아래도 있기 마련이다. 높은 곳이 있으면 낮은 곳도 있어야 한다. 어떤 일도 분노와 좌절

속에서 해서는 안 된다. 항상 내면의 평화 또는 균형이 있어야 한다. 이는 당신의 내면세계가 딴생각에서 벗어날 때 가능하다. 두려움을 허용하는 것은 우리다.

이 남자는 새로운 철학을 받아들인 뒤로 경기에서 진 적이 없었다. 그는 분노로 상대 선수에게 다가가지 않았다. 그들이 물리력으로 덤벼들 때 그는 정신력을 썼다. 그들이 정신력으로 덤빌 때 그는 물리력을 썼다. 하지만 결코 분노로 맞서지는 않았다. 이는 우리 모두가 배워야 할 좋은 교훈이다. 자신이 세운 목표를 완전히 실현하려면 진정으로 자신이 누구인지 알아야 한다.

두려움

우리가 두려움이라고 부르는 것은 무엇인가? 그 바탕에는 회의와 불안감이 있다. 이 책이 제시하는 길을 따라간다면 어떤 종류의 두려움도 가질 필요가 없음을 알게 될 것이다. 두려움은 당신이 누릴 자격이 있고 원하는 성공을 달성하는 데 방해가 되는 불필요한 장벽임을 알게 될 것이다. 나는 두려움이 환상이라고 했던 조던의 말을 기억한다. 두려움은 실체가 없다. 사고를 통해 두려움을 만들어 내는 것은 우리다. 우리가 두려워하는 일은 대부분 일어나지 않는데도 우리는 절대 일어나지 않을 일을 걱정하는 데 많은 시간을 허비한다.

인생이라는 경기에서 일어날 수도 있고 일어나지 않을 수도 있는 일을 걱정할 시간 여유는 없다. 자신이 통제할 수 없는 일이 있다면 그걸 걱정하느라 많은 시간을 허비하지 말라. 당신에게는 마음의 평화와 평온이 필요하다. 작은 믿음을 갖고 자신에게 힘을 달라고 기도하는 것도 나쁘지 않다. 결국에는 그 내면의 힘이 힘들고 고통스러운 시간을 헤쳐 나가게 해줄 것이다. 두려움을 마음에서 몰아내고 앞으로 나아가라. 회의감은 잊어버리라. 두려움과 불안은 들어온 문으로 도로 나가게 하라. 걱정과 두려움을 자신감과 믿음으로 대체하라.

당신은 당신이란 배의 선장이며 당신 운명의 주인이다. 진정한 결핍도 회의감도 두려움도 없다. 이는 모두 진실과 자신감으로 대체하는 게 나은 거짓 감정이다.

나는 11학년 때 뉴욕시에서 개최된 시드 파인스 올아메리칸 농구 캠프Sid Fines All-American Basketball Camp에 초청받았다. 그해 여름 해서웨이 코치는 자신의 차로 우리를 캠프에 데려갔다. 빅애플이란 별명을 가진 뉴욕. 뉴욕은 거대한 도시였다. 빌딩들은 내가 본 어떤 빌딩보다 높았다. 하늘에 닿을 것만 같았다. 뉴욕은 세계 최고의 농구 선수들이 사는 곳이었다. 늘 말로만 듣던 곳, 바로 그곳에 내가 있었다. 모든 농구의 전설이 배출된 뉴욕, 뉴욕이었다. 하늘에 닿을 듯한 건물 중 하나에서 농구가 탄생했을 터였다. 나는 버지니아주 햄프턴에서 온 시골 소년이었다. 그런 내가 뉴욕에 막 들어섰을 때 기분이 어땠을까?

붐비는 엘리베이터에 타거나 거리의 인파 속을 걷는 것조차 무서웠다. 관광부터 왔다면 좋았겠지만 나는 농구를 하러 왔다. 해서웨이 코치까지 겁을 먹었다. 그는 모든 것이 잘될 것이며 우리가 뛰어난 선수들이라고 스스로 설득하려 애썼다. 물론 우리도 실력 있는 농구 선수였지만 뉴욕의 거대한 빌딩에 사는 선수들은 세계 최고였다. 나는 무서워 죽을 것 같았다! 시합 전날에는 밤새 잠을 이루지 못했다. 우리가 맛볼 굴욕이 떠올라 잠은 안 오고 식은땀만 났다. 경기일 아침 호텔을 나서던 순간이 기억난다. 우리가 퀭한 눈으로 엘리베이터에 탄 사람들을 바라보는 바람에 누군가 우리에게 무슨 문제가 있냐고 묻기까지 했다.

우리는 대체 뉴욕에서 뭘 하고 있나 싶었다.

우리가 체육관에 도착해 등록하는 동안 이미 도착한 다른 선수들은 슛 연습을 하고 있었다. 그들이 다른 행성에서 온 사람처럼 보이지는 않았다. 나와 비슷해 보였다. 나와 우리 팀 선수들도 코트에 나가 그들과 함께 몸을 풀었다. 덩치 큰 선수들도 와서 등록했다. 잠시 후 누군가가 "줄 서서 합시다!"라고 외쳤다. 나는 무슨 뜻인지 몰라 그냥 지켜봤다. 모든 선수가 줄을 서서 한 사람씩 레이업슛을 하기 시작했다. 그런 다음 온갖 형태의 덩크슛을 하기 시작했다. 과연 그곳은 뉴욕이었고 그들은 세계 최고 선수들이었다! 대단한 구경거리였다. 관중석에서 구경하는 처지라면 좋았겠지만 이제 내가 나설 차례였고 집에 가기에는 너무 늦었다. 그러므로 뛰어야만 했다.

경기가 시작됐을 때 나는 그들의 기량과 내 기량을 견줘보며 약간 주눅이 들었다. 하지만 코트를 몇 번 왔다 갔다 하니 평소와 같은 기분이 들었다. 나는 마음을 가라앉히고 경기에만 집중하기 시작했다. 장소는 더 넓고 선수 몇 명은 달라졌지만 코트는 내가 늘 뛰던 코트와 똑같았다. 그곳은 내 세상이 됐고 나는 늘 하던 대로 경기를 펼치기 시작했다. 두려움은 사라지고 점점 경기에 몰입했다. 나는 경기를 주도했다. 우리가 도착했을 때는 햄프턴에 대해 아무것도 몰랐을 그들에게 우리는 햄프턴을 확실히 알리고 떠났다. 나는 MVP 트로피를 안고 집으로 돌아왔다. 뉴욕을 떠나면서 나는 내 두려움이 쓸데없는 것이었음을 배웠다. 그건 환상일 뿐이었다. 일반적으로 우리는 아무 이유 없이 겁을 먹는다. 그저 당면한 과제를 직시하고 최선을 다하면 되는데 말이다. 그들도 그냥 농구 선수였다. 뉴욕은 또 다른 도시에 불과했고 나는 어느 지역에서 왔든 키가 얼마든 나보다 나은 선수는 없다는 생각을 하며 그곳을 떠났다.

나를 패배시킬 수 있고 패배시킬 사람은 오직 나뿐이었다. 그날부터 자신감은 내 삶의 방식이 됐다. 운동이든 다른 일이든 항상 이기지는 못했지만 항상 최선을 다했다. 모든 상황에 절대적인 자신감으로 맞서라. 기억하라, 당신이 원하는 모두와 그 이상을 받는 것이 인생의 기쁨이다. 당신을 패배시킬 수 있는 사람은 단 하나, 바로 당신이다.

16장에서 내가 생각해 볼 것

내 상황이 어떻든 오늘부터 나는 내가 마땅히 받아야 할 전부를 갖게 되리라는 것을 안다. 그렇게 될 것을 알고 있고 그렇게 되도록 내가 하는 모든 일에 노력을 기울일 것이다.

나는 무엇이 내게 인생의 성공을 가져다줄지 정한다. 품위 있고 활기차게 책임을 다함으로써 내 행동이 나를 대변하게 한다. 두려움은 환상일 뿐이라는 사실을 인식하고 의식적으로 두려운 생각을 성공 이미지로 대체한다.

나는 주위 모든 상황을 더 의식하고 기회를 더 기민하게 알아차린다. 이런 새로운 인식을 가진 나는 더는 두렵지 않다. 역경도 환영한다. 역경은 나를 더 강하게 만들어 줄 뿐이기 때문이다. 나는 어떤 상황이 닥쳐도 내게 좋은 점을 본다. 거기서 나를 좀 더 나은 사람으로 만들어 줄 답을 얻는다.

17장

순환

모든 것을 연결해 주는 힘을 믿으라

●

당신은 완전하다.
필요한 건 모두 갖고 있다.
무엇이 필요하든 이미 갖고 있으므로 그걸 찾기만 하면 된다.

시작과 끝

순환하는 원만큼 완전한 것은 없다. 이는 당신을 세상으로부터 숨겨줄 망토다. 의심과 실패를 막아주는 방호물이다. 순환하는 원은 완전하다. 시작점도 없고 끝점도 없다. 당신 역시 완전하다. 필요한 건 이미 모두 갖고 있다. 너무 많은 사람이 자신이 뭔가를 놓치고 있다고 생각한다. 하지만 무엇이 필요하든 이미 갖고 있으므로 그걸 찾기만 하면 된다.

다시 순환 얘기로 돌아가자. 당신이 하는 모든 일을 완성된 과업으로 바라보라. 당신이 뭘 하든 또는 뭘 시도하든 이미 행해진 모습을 보도록 노력하라. 마음의 눈으로 완성된 결과물을 상상하라. 당신이 뭔가를 시작하는 모습을 볼 수 있다면 그 일을 끝내는 모습도 그려보라. 어떤 일을 벌였다면 끝내라. 상식적으로 그게 이치에 맞다. 왜 당신이 벌인 일을 다른 사람이 끝내주길 기다려야 하는가?

순환은 내 삶에서 중요한 개념이었다. 나는 모든 것을 완성된 상태로 봤다. 농구를 할 때는 슛을 쏘면서 골대에 들어간 공을 생각했다. 항상 공이 골대로 들어가는 모습만 상상했다. 가라테를 배우면서 송판을 격파할 때는 송판을 내려치기 전 이미 깨진 송판을 생각하라. 타격을 가하는 물체 뒤까지 보라. 그 물체에서 멈추지 말고 그 너머까지 보라. 물체를 꿰뚫어 보라. 지금까지 일어난 모든 일은 아이디어, 즉 머릿속에서 시작됐다. 믿음만 충분하다면 무슨 일이든 이뤄질 것이다. 당신 손으로 이룰 수도 있고 다른 사람 손에 의해 이뤄질 수도 있지만 반드시 그렇게 될 것이다.

당신은 순환의 어떤 지점이든 출발점으로 고를 수 있고 어떤 지점이든 종착점으로 고를 수 있다. 인생에서 시작을 볼 수 있다면 끝도 봐야 한다. 당신은 자기 몫을 다하고 종착점으로 향하기 위해 노력해야 하지만 당신이 결정적 요인은 아닐 것이다. 뭔가를 의도할 수는 있지만 그런 다음에는 마음을 내려놔야 한다. 적절한 시기에 그 일이 이뤄지게 하려면 자신보다 더 큰 힘을 믿어야만 한다. 여기서 믿음과 긍정적 시각이 다시 등장한다. 자신의 본능을 믿으라. 더 중요하게는 모든 것을 연결해 주는 힘을 믿으라.

순환하는 원에는 시작점도 끝점도 없음을 기억하라. 어떤 교훈은 몇 번이고 반복해서 배워야 한다. 어떤 교훈은

한 번 만에 배우고 다음으로 넘어갈 수 있다. 자신의 재능에만 의존하지 말고 희생하며 일을 성사하라. 절제와 좋은 습관을 몸에 익히면 어떤 일이든 이룰 수 있는 탄탄한 토대를 갖게 된다. 완성된 일을 상상하며 그 일에 자신의 능력을 전부 쏟아부으라.

만약 기초가 없다면 일이 잘못됐을 때 돌아갈 곳이 없다. 직감에 의존한다면 직감이 느껴지지 않을 때 어떻게 하겠는가? 잘하는 선수 중에 이런 문제를 겪는 이들이 많다. 그들 모두는 선천적 재능은 있지만 열심히 노력하지 않는다. 모든 선수가 실력이 있기 때문에 기량을 높이려고 열심히 노력하지 않는 선수는 대개 다음 단계로 넘어가지 못하고 중도 탈락한다. 한마디 하자면 오늘은 수월한 게 좋을지 모르지만 언젠가는 처음부터 다시 시작하게 될 것이다(이 말에 귀 기울이길 바란다). 당신의 기초가 약하길 바라는가, 강하길 바라는가?

성적은 좋지만 공부하는 습관을 들이지 못한 학생도 마찬가지다. 고등학교에서는 좋은 성적을 받을지 몰라도 대학에 가면 학습 내용은 어렵고 자신의 공부 습관은 매우 나쁘다는 것을 알게 된다. 결과적으로 좋지 못한 성적을 받지만 그 상황을 어떻게 바꿔야 하는지 전혀 알지 못한다. 대학을 계속 다니려면 적절한 공부 습관을 처음부터 다시 익혀야 한다. 순환은 연속적이다.

감사

감사하는 마음을 가져라. 방법은 간단하다. 매일 우리에게 주어지는 모든 것에 감사하면 된다. 우리는 너무 많은 것을 당연하게 여긴다. 그러나 매일 아침 눈을 뜨는 것에 대해, 자신이 먹는 음식에 대해 그리고 자신에게 일어나는 좋은 일 모두에 대해 감사하라. 감사하는 태도는 형성해두면 좋은 습관이다. 감사하는 마음을 자주 가질수록 무슨 일이든 당연시하는 일이 줄어들 것이다. 그냥 그래야만 하는 일은 아무것도 없다. 매일 아침 이 생각부터 머릿속에 떠올려라. 다른 상황이 없어서 벌어지는 일이란 없다. 꼭 그런 식이어야 할 필요는 분명 없다. 이런 깨달음은 받는 데 초점을 두기보다 주는 데 초점을 두도록 우리를 변화시킨다. 이 같은 인식을 가진 사람은 훨씬 더 겸손한 태도를 보인다.

사람들은 자신에게 필요하다고 생각하는 온갖 물질에

집착한다. 그들은 걸어 다닐 수 있고 앞을 볼 수 있고 살아 있는 것을 당연하게 여기며 원하고 또 원한다. 매일 당신이 누리는 크고 작은 축복을 헤아려 보라. 따뜻한 잠자리, 먹을 음식, 사랑하는 가족과 친구 등 당신이 가진 모든 것에 집중한다면 진정 중요한 것이 뭔지 상기하게 될 것이다. 당신은 큰 축복을 받았기 때문이다.

내가 이 책의 원고를 의논했던 여성은 그동안 긍정을 다루는 책을 여럿 읽었으며 그로 인해 그의 삶이 변화했다고 얘기했다. 과거 그는 자신의 아름다움이 화장과 머리 모양에 있다고 생각했다. 지금은 기분이 곧 외모가 된다고 생각한다. 전에는 사소한 일이 그의 하루를 망칠 수 있었다. 사람들이 그를 대하는 방식은 그의 가치관뿐 아니라 자아상에도 영향을 미쳤다. 지금 그는 아침에 일어나면 그날 하루에 감사한다. 커튼을 걷고 새소리를 듣거나 얼굴에 쏟아지는 햇살을 음미한다. 날씨가 어떻든 고마워한다. 그렇게 삶의 아름다움을 느끼며 그날 하루를 시작한다. 그러다 보니 사람들의 어떤 행동도 그의 인생관에 영향을 미치지 못한다. 그는 많은 사람과 멋진 대화를 즐기고 이는 자신이 특별한 사람이라는 느낌을 준다. 이제 그는 자신의 기분, 궁극적으로는 자기 운명을 통제하고 있다.

환원

랄프 왈도 에머슨Ralph Waldo Emerson은 "당신 자신의 일부를 주는 것이 유일한 선물이다"라고 말했다. 감사를 표하는 가장 좋은 방법은 자신이 받은 것을 나눠 다른 사람에게 돌려주는 것이다. 내가 최근 우연히 만난 몇몇 사람은 이 책을 쓰는 것이 옳은 일임을 알려줬다. 그들은 내게 이해와 사랑의 빛 안으로 들어오기 전 자신들이 겪은 삶의 어려움을 들려줬다. 지식과 자신감 부족으로 얼마나 고심하며 결정을 내렸는지, 얼마나 자기 확신도 없었는지 말해줬다. 많은 사람이 나를 도와줬듯이 나는 다른 사람이 이런 장애물을 극복할 수 있도록 내가 배운 것을 공유하게 돼 기쁘다. 순환은 계속된다. 우리는 주기도 하고 받기도 하면서 순환을 지속한다.

다른 사람과의 나눔에서 가장 중요한 점은 당신의 도움이 세상에 어떤 영향을 미칠지 결코 알 수 없다는 것이다. 어떤 아이를 보고서 장차 암 치료법을 찾아낼 인재인지 아닌지 알 수는 없다. 만약 그런 능력을 지닌 아이라도 격려

없이는 결코 그 능력을 발휘하지 못할 수도 있다. 사람들에게는 엄청난 잠재력이 있지만 그들의 재능이 드러날 때까지, 그들 스스로 미래의 비전을 보기 전까지는 우리가 알 수 없다. 스스로 잠재력을 발휘할 수 있는 사람도 있지만 우리 대부분은 도움의 손길이 있어야 한다. 때로는 자기 일에 관심 있는 사람이 있다는 사실만 깨달아도 된다. 그것만으로도 그들은 더 열심히 하도록 고무된다. 자신에게 관심을 두는 사람이 자신을 자랑스럽게 여기길 원하기 때문이다. 세상에는 삶을 힘들게 하고 꿈을 불가능하게 만드는 방해 요인이 많다. 이에 맞서 다른 사람을 위해 길을 밝혀줄 수 있는 일을 하라.

관계

이상한 얘기 같겠지만 내 인생에 들어온 많은 사람은 다 그럴 만한 이유가 있었다. 모두 나를 긍정적으로 만들고 앞으로 나아가게 하기 위한 사람들이었다. 필은 내 멘토 중 한 명이 돼 경영의 길로 나를 인도했다. 다시 순환 개념으로 얘기하자면 직장에서 필을 만난 것은 내가 처음 농구를 시작하면서 해서웨이 코치를 만난 것에 비견된다. 내 인생에서 대단히 중요한 결정을 내릴 때 필이 방향을 잡아 줬다. 우리가 만난 이후로 그는 줄곧 나를 지지해 줬다. 내 가족과 필의 가족이 어떻게 특별한 관계를 맺게 됐는지 모르겠다. 그저 우주의 힘이 관여했다는 생각이 든다.

해서웨이 코치와 바바라도 마찬가지다. 바바라는 해서웨이 코치의 아내로 내게는 어머니와도 같은 분이었다. 그는 나를 친자식처럼 아껴줬다. 대학 팀 코치들이 내가 경기하는 모습을 관찰하러 왔을 때 그들에게 쉴 새 없이 이것저것 묻던 그의 모습을 기억한다. 그는 각 학교의 교과 과정과 선수 생활을 할 내게 제공해야 하는 특전을 물었다. 나는 그 얘기의 절반 정도는 이해하지 못했다. 그가 생각해 둔 바가 있어 했던 질문들이 나중에 내게 좋은 결과를 안겨줬다. 해서웨이 부부는 그때나 지금이나 배려심이 많은 분들이다.

해서웨이 코치가 나를 한쪽으로 데려가 내가 빅 오처럼 될 수 있다고 말해줬듯이 어느 날 필은 나를 그의 사무실 안쪽 구석으로 데려갔다. 둘이 미래에 관해 얘기를 나누던 중 나는 내가 어디까지 승진할 수 있겠냐고 질문했다. 그는 자기 의자를 가리키며 내가 그 자리까지 올라갈 수 있다고 대답했다. 그의 대답에 나는 속으로 미소 지었다(겉으로도 미소를 지었을 것이다). 나이키에서 내가 어디까지 올라갈지는 모르겠지만 나는 그가 그렇게 생각한다는 사실이 마음에 들었다. 그런 신뢰는 사람들이 성공하도록 자극한다. 스포츠와 농구 분야에서 해서웨이 코치가 해줬던 역할을 비즈니스 세계에서는 필이 해줬다. 그는 내게 계속 바라볼 큰 그림을 줬다. 비전을 줬다. 때로는 눈이 있어도 보지 못하고 귀가 있어도 듣지 못한다. 대부분이 그렇다. 당신은 그런 사람이 되지 말라. 당신을 돕기 위해 당신 삶에 들어온 사람들의 말을 경청하라.

내 꿈이 정확히 내가 예상했던 방식으로 이뤄지는지는 중요하지 않다. 내 종착점은 내게 달린 것이 아니라 신께 달렸다. 내가 할 일은 최선을 다하고 내 앞에 놓인 상황을 최대한 활용하는 것이다. 그럴 때 예상치 못한 기회가 생기는 경험을 하게 된다. 내가 FBI의 조사를 받은 사건을 기억하는가? 페니는 바바라가 그랬던 것처럼 나를 위해 싸워줬다. 페니는 내가 맞서 싸우길 바랐다. 하지만 나는 누구와 싸워야 할지 알 수 없었다. 나는 그 상황이 두렵지 않았다. 하나의 문이 닫히면 더 큰 문이 열릴 것을 알고 있었기 때문이다. 믿음을 갖고 신뢰하라. 그러면 올바른 일이 일어날 것이다.

우리의 믿음은 시험받아야만 한다. 시험받는 일이 없다면 우리가 얼마나 강인한지 또는 얼마나 강인해야 하는지 어떻게 알겠는가?

그렇다고 이 책을 읽은 후 곧바로 나가서 적을 노려보며 그가 당신을 해칠 수 없다는 사실을 느껴봐야 한다는 얘기는 아니다. 슬프게도 우리는 기분 나쁘게 쳐다봤다는 이유로 총을 쏘는 시대에 접어들었기 때문이다. 사실 이건 시간이 걸리는 일이다. 당신은 세상이 돌아가는 이치를 믿고 신뢰하도록 노력해야 하며 당신이 만물의 일부이며 만물이 당신의 일부임을 알아야 한다. 우주에서 가장 강력한 힘이 당신 편이라면 누구를 두려워하겠는가? 문제는 그 힘이 항상 존재함을 아는 것이다. 우리는 그 힘을 믿지 않을 때가 많다. 그 힘은 물리적 세계에서 볼 수 없기 때문이다. 혹은 나쁜 일이 일어난 뒤 어떻게 해야 상황이 다시 좋아질지 알지 못하기 때문이다. 하지만 그 힘은 존재한다. 늘 거기에 있다!

제1원칙

인생에서 가장 중요한 원칙은 세상에서 가장 단순하다. 우리가 학교에서 배운 첫 번째 규칙이기도 하다. 학교에서는 여전히 그 원칙을 가르치고 있다. 다만 우리가 너무 쉽게 그 규칙을 잊어버리는 듯하다. 가장 기본적이며 가장 중요한 규칙은 바로 황금률이다. '황금을 가진 자가 지배한다'는 뜻이 아니다. 당신에게 가장 유익할 황금률의 진정한 의미는 '남에게 대접받고자 하는 대로 남을 대접하라'는 것이다.

나는 《포춘》지 선정 500대 기업의 최고경영자인 한 친구에게 그의 성공이 무엇 덕분이라고 생각하는지 물은 적이 있다. 그는 사람들에게 대우받고 싶은 대로 사람들을 대우한 것밖에 없다고 생각했다. 나는 그가 사무실을 돌아다니며 직원들의 이름을 일일이 불러주는 광경을 봤다. 매우 인상적이었다. 그는 잘 알고 있었다! 자신이 대접받고 싶은 대로 직원들을 대하고 있었다. 여기서도 순환의 효과를 볼 수 있다. 당신은 행한 대로 거둬들인다. 당신이 준 대로 받는다.

내가 당신이고 당신이 나다. 우리는 하나다. 그리고 우리는 함께 이 세상을 더 나은 곳으로 만들 수 있다.

내가 세계 제일의 스포츠, 피트니스 용품 및 의류 회사 부사장이 될 수 있다면 당신도 당신이 원하는 무엇이든 될 수 있다.

우리는 모두 힘든 시기를 겪지만 삶이 살아갈 가치가 있음을 느끼게 해주는 것은 바로 그런 시기다. 올여름 나는 눈앞에 일생이 주마등처럼 스쳐 지나가는 경험을 했다. 계속 숨이 가쁘고 갈수록 증상이 심해진 것이다. 처음에는 근래 받은 고관절 치환술 때문에 살이 많이 쪄서 그렇다고 생각했다. 그러다 결국 상태가 너무 심각해져 아내가 급히 나를 응급실로 데려갔고 당장 입원하라는 지시를 받았다. 그리고 울혈성 심부전증이라는 진단을 받았다.

나는 누구보다 건강하다고 자신했다. 좋은 음식을 먹고 운동도 규칙적으로 했다. 술을 많이 마시지도 않았고 담배는 한 번도 피운 적이 없었다. 그런데 울혈성 심부전증이라니 말이 안 되는 듯했지만 그 진단은 인생에서 장담할 수 있는 것은 하나도 없다는 사실을 가르쳐 주기도 했다! 만사가 순조롭다가도 어느 순간 상황이 완전히 뒤바뀔 수도 있다. 비욘세의 노래 가사가 말하듯이 나는 세상이 발 아래 있는 기분으로 잠자리에 들었다가 세상 밑바닥으로 떨어진 기분으로 깨어났다.

담당 의사는 수많은 검사를 지시하고 샘플을 메이오클리닉으로 보낸 후 어느 날 오후 내 입원실로 찾아왔다. 그러고는 아직 모든 검사 결과가 나오지는 않았지만 심장 이식 수술을 받아야 할지 모른다고 설명했다. "환자분이 듣고 싶은 소식이 아닌 줄 알지만 최악의 상황도 대비하셔야 할 것 같습니다"라고 그가 말했다. 매우 심각한 소식이었지만 인생에는 어려운 일도 있기 마련이었다. 의사와 대화를 나누면서 나는 처음의 충격을 극복하고 앞으로의 치료에 대비하기 위해 질문하기 시작했다. 지금의 삶으로 나를 이끌어 준 것은 내 종교와 믿음이었다.

어떤 치료든 받을 각오가 된 나는 담당 의사에게 그를 믿을 것이며 하나님이 내가 병을 이겨내게 해주실 거라고 말했다. 의사는 입원실을 나갔다. 하지만 잠시 후 그가 다시 입원실로 들어오면서 문을 닫았다. 그는 도나와 나를 보며 말했다. "이렇게 믿음이 강한 분은 처음 봅니다. 정말 감동적이네요."

이 책은 내가 인생을 어떻게 살기로 선택했는지 보여주는 증거다. 아, 부언하자면 메이오클리닉에서 보내온 검사 결과는 심장 이식 수술을 받을 필요가 없다는 것이었다. 의사들은 약으로 내 심장병을 조절할 수 있다고 판단했다. 성공에 대한 믿음으로 보이지 않는 것을 보고 불가능한 일을 해내라. 당신도 인생의 모든 역경을 극복할 수 있길 바란다.

당신이 인생길을 걷는 동안 순환 원리가 당신을 보호해 줄 것이다. 인생의 수습 기간은 때때로 어려울 것이다. 고난과 시련도 많을 것이다. 하지만 그 순간들이 당신의 진정한 인격을 특징지어 줄 것이다. 그 시련을 통해서만 당신은 궁극적 목표를 달성할 수 있을 것이다. 당신 운명이 당신 손안에 들어오고 당신은 운명의 주인이 될 것이다. 당신은 자신의 선택을 인식하고 올바른 결정을 내릴 것이다. 당신이 하는 모든 일에 자신감을 가질 것이다. 순환하는 원을 완성하면 당신은 당신을 따르는 사람들을 이끌 책임과 의무를 갖게 된다. 인내와 믿음을 통해 당신은 자신의 주인이 되는 궁극적 목표를 달성하게 될 것이다.

관계 속의 나 자신.

당신 그리고 나.

17장에서 내가 생각해 볼 것

나 자신은…

…이 세상의 힘과 긍정적 사고의 원천이다.

나는 옳고 경이로운 모든 것을 지지한다.

이 새롭고 장엄한 힘이 나를 관통하며 온전하게 한다.

일을 이루는 데 필요한 모든 것을 내게 준다.

나는 생기 넘친다.

내 세포 하나하나가 빛으로 가득하다.

이제는 내가 위대한 일을 하는 것이 아니라 위대한 일이 나를 통해 일어난다. 나는 이미 위대함의 일부기 때문이다.

고요히 내면의 자아와 조화를 이룰 때 나는 최선을 다한다. 내면의 생각을 알 때 나는 내가 누구인지 안다.

나는 나 자신을 우주의 경이라고 여긴다. 이제 나는 만물의 일부고 만물은 나의 일부다. 나는 집중하는 힘과 방향성을 가진 존재며 만물을 살핀다.

나는 자신을 통제하고 있으므로 언제든 화를 내지 않는다. 내게는 불쾌한 상황에서 벗어날 수 있는 용기와 힘이 있다. 만약 맞서야 한다면 진실과 정직, 새로운 능력과 힘으로 그렇게 한다.

나는 사람들을 만날 때 그들이 내 인생에 들어온 이유가 있음을 인식한다. 그들이 주는 배움을 순순히 받아들이며 새롭고 흥미로운 것을 배우길 기대한다.

나는 다른 사람을 위한 배움의 원천이 돼주고 듣고자 하는 사람에게 내가 아는 것을 가르쳐 줄 것이다.

독수리가 물고기를 보고 쏜살같이 내려와 물에 젖지도 않고 잡아챌 수 있듯이 나도 많은 일을 할 수 있음을 자각한다. 그와 같은 완벽함이 내 안에도 있기 때문이다.
나는 우주의 특별한 창조물이다.
나는 독특하다.
나는 다시는 나를 실제보다 못한 존재로 생각하지 않을 것이다.
그리고 나는 우리다.

목표 정하기

나는 정신을 사용한다.
정신은 두려움에 대항하는 내 무기다.

나는 믿음의 방패를 사용한다.
믿음은 내 보호책이다.

나는 세상으로 들어가
매일 세상이 조금씩 나아지게 만든다.

먼저 침대 정리부터 한다.

나도 전사다.

서명 H. White

이름 ______________________

맺음말

《인생 설계자의 공식》의 영향력과 미래

지난 15년간 가족과 친구에게 《인생 설계자의 공식》을 수없이 많이 선물했다. 심지어 교도소 재소자들에게도 나눠줬다. 내 책에 고무된 그들의 사연과 행동을 보고 들을 때면 늘 겸허한 마음을 갖게 된다.

시카고에서 하루하루 힘겹게 살아가고 있던 한 여성의 얘기도 그중 하나다. 그는 동기부여에 도움이 될 책을 빌려볼 셈으로 동네 도서관에 갔다. 그런데 원래 대출하려던 책은 없고 《인생 설계자의 공식》이 눈에 띄어 한번 읽어보려고 빌려왔다. 그는 집으로 돌아오는 버스 안에서 책을 읽기 시작했고 중간에 멈출 수가 없어 단번에 다 읽었다. 책에 너무 몰입해 내려야 할 정류장도 놓칠 뻔했다. 나중에 그는 내 책이 자신의 의사도 읽고 있던 책이었다고 편지로 알려왔다.

내가 좋아하는 또 다른 감동적인 사연은 메이크어위시 재단Make-A-Wish Foundation의 도움으로 나이키 사무실로 찾아왔던 어린 소녀 얘기다. 나를 만나러 온 아이가 〈인사의 힘The Power of Hello〉을 읽고서 자신의 삶이 어떻게 바뀌었는지 얘기하는 바람에 나는 좀 놀랐다. (〈인사의 힘〉은 내가 미국 공영 라디오National Public Radio와 인터뷰한 내용으로 NPR에서 '믿음'을 주제로 한 인터뷰 중 가장 인기 있었던 것을 《내가 믿는 것This I Believe》이란 제목의 책으로 엮었을 때 첫 번째 글로 실렸다.) 이 소녀는 내 얘기에 큰 감명을 받아 "긍정의 힘Power of Positivity"이라는 제목의 글을 써서 학교에 제출하기까지 했다. 그런데 그의 얘기에서 가장 좋았던 부분은 우연히 내 인터뷰 글을 읽고 그것을 주제로 글을 쓰는 동안 뇌종양 4기를 이겨낼 정도로 힘을 얻었다는 것이었다. 그는 내 영웅 중 한 명이다.

나는 항상 이 책이 세상에 미친 영향에 만족했다. 내게 보내진 모든 사연이 놀랍기만 했다. 그러던 중 이 책으로 남다른 경험을 하고 있는 두 사람의 얘기를 들었다. 그들의 성공은 이 책의 유용성에 대한 내 예상을 훨씬 능가했다.

디트로이트에 있는 한 고등학교 교장인 맬컴 티스데일Malcolm Teasdale은 교칙을 위반한 학생에게 도움이 됐으면 하는 마음으로 내 책을 사용하기 시작했다. 맬컴은《인생 설계자의 공식》을 읽은 학생이 행동에 큰 변화를 보이기 시작했을 뿐 아니라 학교에 대해 완전히 새로운 시각을 갖게 됐음을 깨달았다. 여기에 더해 학생들의 성적까지 오르자 다른 교사들이 어떻게 된 일인지 묻기 시작했다. 곧 다른 공립학교는 물론 차터 스쿨(자율형 공립학교)까지 이 학교의 학생들이 보이는 변화에 주목하고 질문해 왔고 자신들의 학교에서도 이 책을 사용하길 원했다.

맬컴은 학교와 지역사회에서 관심 있는 누구나《인생 설계자의 공식》을 활용할 수 있도록 부모와 교사, 멘토를 위한 수업 지도안을 직접 개발해 책의 핵심 가르침을 쉽게 전달할 수 있게 했다. 맬컴은 그의 지역사회에서 실용적 멘토링 프로그램 교재로 이 책을 열심히 활용하고 있는 사람들 사이에서 책의 인기가 높아졌으며 그보다 훨씬 많은 사람에게 책의 개념이 영향을 미치고 있다고 말해줬다. 게다가 이제 사람들이 일상에서 내 책의 가르침을 실천하면서 내 책과 함께 그의 수업 지도안을 함께 사용하고 있다고 했다. 더 바랄 게 없는 상황이었다. 책이 그 자체의 생명력을 갖고 영향력을 키워가고 있었다.

필라델피아 지역사회 활동가이자 멘토링 전문가로 필라델피아 파이어 익스플로러Fire Explorer(청소년을 대상으로 한 소방 및 구급 교육 프로그램_옮긴이)와 노숙 및 가출 청소년을 돕는 유스서비스Youth Service Inc.에서 《인생 설계자의 공식》을 활용하기 시작한 미셸 마틴Michelle Martin도 있었다. 미셸은 그들에게 동기를 부여하고 그들이 일상의 도전에 응하도록 인도하고 궁극적으로는 자신의 삶을 책임지도록 돕는 도구로 내 책을 사용했다. 비영리 단체 어반 유스 레이싱 스쿨Urban Youth Racing School을 소유한 미셸과 그의 남편 앤서니는 e-멘토링(온라인 기술을 이용한 멘토링 가이드)을 가미한 세미나 '성공의 조건' 행사를 개최해 청소년들이 성공하려면 무엇이 필요한지 직접 경험하게 하면서 내 책을 수천 권 나눠줬다.

2014년 맬컴과 미셸이 내게 연락해 왔다. 그들은 맬컴의 수업 지도안을 이 책과 함께 사용해 학생들을 지도했을 때 둘 다 목격한 성과에 관해 얘기를 나눴다고 했다. 그들은 관심 있는 누구나 더 큰 성과를 경험할 수 있도록 이 성공담을 내게 알려 맬컴의 수업 지도안을 책에 포함시켜야 한다는 의무감을 느꼈다. 그들의 얘기는 내 귀에 그 어떤 음악보다 아름답게 들렸다!

이번 《인생 설계자의 공식》 최신판에는 맬컴이 효과를 검증한 부모, 교사, 멘토를 위한 수업 지도안이 포함돼 있다. 모든 사람이 약간의 도움만 받으면 날아오를 수 있다. 이 수업 지도안은 누구나 마음만 먹으면 높이 날아오를 수 있게 해줄 바로 그 도구다.

당신이나 당신이 속한 단체에서 이 책 및 수업 지도안의 가르침을 실행하는 데 도움이 필요하다면 주저하지 말고 연락하길 바란다. 자신의 성공 사례를 공유하고 싶다면 그 또한 듣고 싶다. www.HowardHWhite.com 사이트를 방문해 당신의 얘기를 공유해 주길 바란다.

부록

공식 적용하기: 부모, 교사, 멘토를 위한 수업 지도안

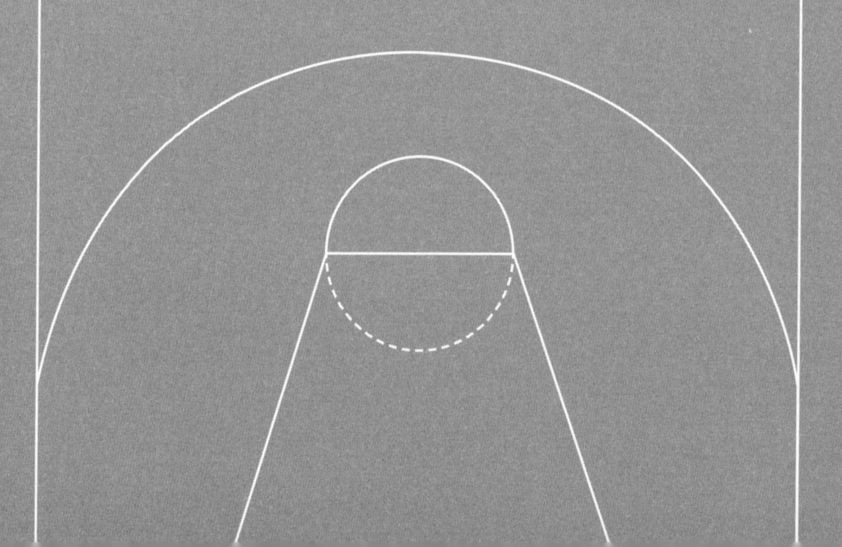

일러두기

이 수업 지도안은 독자가 즉각적으로 지원 체제(멘토)와 연결될 수 있도록 고안됐다. 이 지도안에 제시된 모든 수업은 이 책의 내용을 효과적으로 전달하기 위한 수업안과 예시를 보강하기 위한 목표, 활동, 평가로 구성되어 있다.
저자는 독자에게 동기를 품게 하고 이를 이룰 우리 내면의 잠재력을 일깨워 주기 위해 노력했다. 또한 그는 멘토에게 영감을 받아 성공한 이가 다시 멘토가 되어 이끄는 식의 연결과 순환을 통해 세상이 긍정적인 방식으로 변할 거라고 믿었다.
따라서 이 수업 지도안의 목적은 각 독자가 내면의 자신뿐 아니라 재능을 찾을 수 있도록 길을 제시하는 학습 조력자 혹은 멘토를 돕는 것이다.

_맬컴 티스데일

거울

성공을 희망하는 몽상가에 그치지 말라.
성공하려면 믿음을 가져야 한다.

목표

'긍정적 결과 상상하기' 개념을 소개한다.

수업 진행

1. 도입부에서 소개한 시 〈거울〉을 읽는다(학급 전체).
2. 시에 나오는 긍정적 생각과 단어를 모두 찾아 표시한다.
3. 학생 주도 활동: 지금의 자신 또는 자신의 삶을 가장 잘 묘사하는 구절을 선택한다.

책임 토의

전체 토의에서 시의 목적과 가치를 논하는 동안

- 긍정적 생각 또는 구절을 전부 밝힌다.
- 어떤 구절이 자신과 관련 있는지 얘기해 보도록 학생들을 독려한다.

수업 주안점

www.HowardHWhite.com에서 화이트가 그의 시 〈거울〉을 낭독하는 영상을 보면서 '핵심 질문을 통한 요점 파악하기' 요령을 소개한다.

평가

학생들은 아래 핵심 질문에 대한 간단한 답변을 작성하고 지정된 파일이나 일지, 공책에 붙여둔다. 이 답변은 《인생 설계자의 공식》을 읽어나가는 동안 수정하게 될 것이다.

핵심 질문: 당신 삶의 골대는 무엇인가?

단원 1_ 비전(1장)

마음속에 품고 지향하며 노력할 수 있는 이미지가 필요하다.

목표

앞으로 5년 동안 무엇을 이루고 싶지 간략하게 써본다.

수업 진행

1. 자신의 강점과 약점을 모두 열거한다.
2. 앞으로 5년 동안 자신의 발전을 방해할 수 있는 요인을 최소 세 가지 이상 열거한다.
3. 두 사람이 한 조가 돼 각자의 생각을 공유한다.
4. www.HowardHWhite.com에서 비전과 노력에 관한 강연 영상을 찾아본다.

책임 토의

- 각 조는 방해 요인을 제거하거나 제한할 해결책을 토의한다.
- 학생 각자는 방해 요인을 최소 세 가지 이상 공유해야 한다.
- "당신은 문제의 일부 또는 해결책의 일부다"라는 구절을 다시 논의해 본다.

- 학생들은 열거한 각 방해 요인에 대해 해결책 또는 가능하고 탐구해 볼 가치가 있는 해결책을 암시하는 아이디어도 함께 제시해야 한다.

수업 주안점

모든 학생이 성취감을 느끼며 첫 수업을 마칠 수 있어야 한다. 칭찬과 격려를 해주도록 한다. 예를 들어 향후 5년간 계획에서 나온 잘 정리된 생각, 글, 흥미로운 목표를 언급하고 토론에 부친다.

평가

학생들에게 다음 문장을 완성하게 한다. "해결책의 일부가 된다는 것은 젊은이로서 다음과 같이 계속해 나가거나 시작해야 함을 의미한다."

* 비고: 학생들이 해결책을 나열하게 한다.

단원 2 _ 목표 설정(2장)

명확한 비전을 세우라.

목표

- 1장 내용 및 비전 연습 문제를 검토한다.
- 《인생 설계자의 공식》의 성공 원칙을 소개한다.

수업 진행

모든 학생에게 다음 용어의 정의를 제시하고 설명해 준다.

1. 상상
2. 기록
3. 희생
4. 노력
5. 장애물 수용

* 비고: 이 해석은 책에 제시된 H의 관점과 함께 학습 조력자의 재량에 달려 있다.

책임 토의

조력자는 각 학생에게 2분 동안 성공 원칙을 열거하고 간단히 설명해 달라고 요청한다.

수업 주안점

- 모든 학생이 성취감을 느끼며 첫 수업을 마칠 수 있어야 한다. 칭찬과 격려의 말을 해줄 것을 적극 권장한다.
- 각 학생에게 수업의 어느 부분이 가장 재밌었는지 발표하게 한다.
  * 비고: 이는 학생들에게 다음 수업에서 기대할 점을 찾도록 요청하는 것이다.

비전 보드 만들기

재료: 잡지, 종이, 가위, 풀

1. 이 책의 1장과 2장에서 배운 내용을 조용히 정리하는 시간을 가진다.
2. 숙고: 자신에게 중요한 역할과 삶의 일부분을 분석하고 기록해 볼 수 있게 한다.
3. 상상: 눈을 감고 각 범주를 떠올리면서 범주별 자신의 궁극적 목표를 마음속으로 그려본다. 그 세계의 모습은 어떤가? 느낌은 어떤가? 어떤 냄새가 나는가? 어떤 소리가 들리는가? 어떤 맛이 나는가? 그런 다음 각 범주를 묘사하려 할 때 떠오르는 단어들을 써본다.
4. 의지: 삶의 영역 가운데 한 해 동안 집중적으로 의도적 노력을 기울일 영역을 1~5개 선택한다. 이제 그것들을 하나의 게시판에 적을지, 영역별로 하나씩 게시판을 만들지 결정한다.
5. 마음에 드는 사진 찾기: 잡지를 뒤적이며 마음에 드는 사진을 찾는다. 머리를 쓰지 말고 마음이 가는 대로 하라. 이는 특정 이미지나

단어를 찾지 말고 마음을 움직이는 이미지를 선택하라는 뜻이다. 자신이 달성하길 바라는 것을 그대로 보여주는 사진일 필요는 없으며 그 느낌을 담고 있는 사진이면 된다. 사진을 충분히 오려냈다고 생각되면 이제 종이에 붙일 차례다.

6. 종이에 사진 배치하기: 어떤 형태로 완성할지 미리 정해두지 말고 큰 사진부터 배열해 본다.
7. 풀로 붙이기: 적합하다고 생각되는 자리에 사진을 붙인다. 최대한 창의력을 발휘한다.
8. 범주별 실행 항목 정하기: 실행 항목을 말로만 밝히지 않고 글로 적어두면 무엇부터 시작해야 할지 정리하는 데 도움이 된다. 범주별로 1~3개 목표를 구체적으로 그리고 명확하게 적어둔다.
9. 자주 보고 재검토할 수 있는 곳에 보드 걸어두기: 3~6개월마다 보드를 들여다보면서 목표에 얼마나 가까워졌는지 확인한다. 1년에 한 번씩 보드를 새로 만드는 것이 좋다.

* 비고: 일부 목표를 달성하고 삶이 변하면 그에 맞춰 비전 보드를 재조정해야 한다.

평가

학생들은 앞으로 5년간의 목표를 최소 5개 이상 열거하고 성공 원칙이 목표를 달성하는 데 어떤 도움이 되는지 설명해야 한다.

단원 3 _ 실행(3장)

목표에 다가가기 위해 매일 할 수 있는 일을 생각해 보라.

목표

- 비전 보드를 검토한다.
- 인생 초반의 희생과 만족 지연 개념을 소개한다.

수업 진행

1. 자신의 정보를 짝 또는 조원에게 읽어준다.
2. 자신이 특정 직업을 선택한 이유를 설명한다.

책임 토의

기다리고 인내하는 사람에게는 다음과 같은 좋은 일이 생긴다.

- 학생들은 각자 희생할 가치가 있는 것들의 목록을 만든다.
- 학생들은 3명씩 1조가 돼 각자의 선택을 두고 토론하고 차트에 기록한다.
- 학급 전체가 희생할 가치가 있는 것들의 목록을 만든다.

수업 주안점

- 만족 지연이라는 용어를 정의한다.
- www.HowardHWhite.com에 희생에 관한 강연 영상을 참고해 수업을 보강한다.

평가

학생들에게 아래 과제를 내준다(다음 시간 제출).

1. 희생이 왜 필요한지 설명한다.
2. 희생과 만족 지연의 관계를 설명한다.

* 비고: 시간이 된다면 학생들이 이날 수업을 어떻게 생각하는지 1 대 1로 얘기해 볼 시간을 갖도록 계획을 세운다.

단원 4 _ 최선의 노력(4장)

자신에게 유리한 상황을 찾으라.

목표

- 비전 보드를 검토한다.
- “동전은 긍정적인 생각이다”: 물병 속 동전 개념과 이론
  * 비고: 수업을 마친 학생들은 성공 공식을 정의할 수 있게 된다.
- 성공 공식: 습관 + 절제력 + 체계 = 성공

수업 진행

1. 학급에 물병을 하나 주고 매일 또는 수업 시간에 동전을 넣게 한다.
2. 준비물: 물병, 물, 동전
   * 비고: 학습 조력자의 재량으로 결정

책임 토의

- 성공 공식에 대한 집단토론: 학급 전체가 용어들을 정의하고 각각의 중요성을 토론한다.
- 병에 동전을 채우는 것과 연관 지어 얘기한다. 동전은 긍정적 사고와 동일하다.
- 동전이 들어가면서 변화한 물의 양을 기술하고 토론한다.

수업 주안점

- 습관은 어떻게 만들어지는가?
- 생활을 체계화할 방법은?
- 절제력은 어떻게 성공으로 이어지는가?

평가

모든 학생은 성공 공식을 보여주는 도식 조직자graphic organizer를 준비한다. 학생(들)의 상상력과 자기 인식에 근거해 도식 조직자를 설명할 수 있다.

* 비고: 목록, 의미 지도semantic map 그리고(또는) 차트로 도식 조직자를 대신할 수 있다.

단원 5 _ 책임감(5장)

당신은 문제의 일부가 될 수도 있고 해결책의 일부가 될 수도 있다.

목표

- 비전 보드를 검토한다.
- 책에서 H가 책임감에 관한 교훈을 얻었던 일화를 다룬 부분을 복습하고 토론한다. 수업을 끝내면서 학생들은 책임감의 가치와 책임감이 긍정적 방식으로 행사되지 않을 때의 장단점을 인식할 수 있다.
- www.HowardHWhite.com에 '인생 교훈' 동영상을 본다.

수업 진행

1. 책임감과 그 특성에 대해 조별 토의를 한다.
   * 비고: 학생 2~3명이 한 조가 된다.
2. 조별로 책임감을 발휘하는 긍정적 상황을 역할극으로 만든다.
3. 학습 조력자는 조별 발표를 요약하고 평을 해준다.

책임 토의

학습 조력자는 이 책의 5장 〈책임감〉에서 다룬 교훈을 복습시키면서 조별 발표와 연관 지어준다.

수업 주안점

"책무: 자신의 단점을 수용하고 개선하라." 이 문장의 의미를 주제로 토론한다(예를 들어 학생들에게 책무를 정의하고 그 정의를 책임감과 연결 지어보게 한다).

평가

H가 왜 선도부 벨트를 잃었는지 짧게 요약·설명한다. 책무와 책임의 정의를 강조한다.

단원 6 _ 변화(6장)

설사 당신이 원하는 대로 되지 않는 일이 있더라도 거기에 숨은 선물을 찾으라.

목표

- 학생들에게 비전 보드를 검토하게 한다.
- 변화의 특성을 목록으로 만들어 변화가 어떻게 일어나는지 기술한다.

수업 진행

1. 학생들을 5명씩 한 조로 묶는다.
2. 학생들에게 변화의 특성을 열거하게 한다.
3. 조별로 학급 전체 학생 앞에서 변화의 특성을 발표한다.

책임 토의

- 전체 토의: 학생들은 우리 사회에서 변화를 보여준 사람들의 사례를 발표한다. 유명 인사, 가족, 친구 등이 사례가 될 수 있다.
- 논의된 사람들의 공통점은 무엇인가?
- 변화하려는 그들의 노력이 정말로 그들에게 도움이 됐는가?

수업 주안점

"인생에 확실한 한 가지가 있다면 모든 것이 바뀌어야 한다는 것이다"라는 문장의 뜻을 밝힌다.

* 비고: 학생들이 자신의 행동에 책임을 지고 반성하도록 독려한다.

학생의 기능 개발

회상, 성찰, 글쓰기

* 비고: 남은 단원의 도입부에서 선행 지식을 활성화하기 위해 이 활동들을 논의의 출발점으로 삼을 수도 있다.

평가

학생들에게 학생으로서의 자기 모습 중 바꾸고 싶은 세 가지를 열거하게 한다.

단원 7.1 _ 멘토(7장)

긍정적인 멘토를 찾으려고 노력하라.
긍정적이면서도 희망적인 영향을 받으라.

목표

- 학생들에게 비전 보드를 검토하게 한다.
- 멘토의 역할과 멘티의 책임을 규정하고 확인한다. 이 단원을 마치면서 학생들은 멘토와 멘티 양자 역할을 정의할 수 있다.

수업 진행

1. 학생들에게 아는 사람 가운데 신뢰할 수 있고 친절하며 존경스럽고 알아두면 정말 좋을 사람을 한 명 선정해 색인 카드에 쓰게 한다.
2. 색인 카드 뒷면에는 그 사람의 가장 훌륭한 속성이나 특성을 열거하게 한다.

책임 토의

모든 학생이 자신이 색인 카드에 적은 속성을 최소 두세 가지 제시해 조별 또는 학급 전체의 '멘토 체크리스트'를 작성한다.

수업 주안점

멘토 역할을 해줄 적임자를 선정할 줄 아는 능력에는 몇 가지 특성이 요구된다.

평가

학생들은 글과 말, 두 형식으로 분명하게 답변할 수 있어야 한다. 또 사람들을 읽고 분석하고 좋은 점을 인식하는 능력도 보여줘야 한다.

단원 7.2 _ 멘토(7장)

멘토는 어디에나 있다.

당신의 멘토에게 귀를 기울이라!

목표

- 학생들에게 비전 보드를 검토하게 한다.
- 단원 복습: 멘토의 역할과 멘티의 책임을 규정하고 확인한다.

수업 진행

1. 학생들이 멘토가 그들에게 기대한다고 생각하는 점을 색인 카드에 쓰게 한다.
2. 색인 카드 뒷면에는 자신의 가장 중요한 자질이나 특성을 적게 한다.

책임 토의

모든 학생이 자신이 색인 카드에 적은 속성을 최소 두세 가지 제시해 조별 또는 학급 전체의 '멘티 체크리스트'를 작성한다.

수업 주안점

자신이 될 수 있는 최고의 사람이 된다면 훌륭한 멘토를 얻는 데 큰 도움이 될 것이다.

평가

학생들에게 중요한 기술은 긍정적으로 자신을 표현해 자신에게 적합한 멘토를 유치하도록 노력하는 것이다. 학생들은 글과 말 두 형식으로 다음 질문에 분명히 답변할 수 있게 연습해야 한다.

- 긍정적인 멘토를 어디서 찾을 수 있다고 기대하는가?
- 어떻게 멘토와의 관계를 쌓을 계획인가?

단원 8 _ 경기 규칙(8장)

규칙은 모두에게 중요한 사람이 될 기회를 준다.

사람들은 규칙을 배운 다음 경기력 향상을 위해 노력할 수 있다.

목표

- 비전 보드를 검토한다.
- 규율과 인생 법칙 개념을 이해한다.

수업 진행

1. 8장에서 다룬 두 마리 개 얘기를 다시 논의한다.
2. 학급 또는 조를 두 집단으로 나눈다.
3. 각 집단은 두 마리 개 중 한 마리를 대변하게 한다.
4. 각 집단은 자신들이 대변하는 개의 특성을 열거한다.
5. 학습 조력자는 두 개가 맞닥뜨릴 결과를 제시한다.

책임 토의

1부

- 학생들은 학급 전체 토론을 통해 두 개를 비교·대조해 어떤 개가 성공했는지 그리고 그 이유는 무엇인지 판단한다.

- 학생들은 다음을 설명해야 한다.
  - 규율은 두 개가 얻은 결과에 어떤 역할을 했는가?
  - 두 개에게서 무엇을 배울 수 있었는가?

2부

- 규칙 알기의 개념과 이론
- 경기 규칙 알기는 나에게 어떻게 적용되는가?

평가

남은 한 해 동안 따라야 할 규칙 다섯 가지를 만든다.

* 비고: 다음 수업을 시작할 때 각각의 규칙을 다시 살펴본다.

단원 9 _ 강인함(9장)

시련의 순간은 우리 모두에게 온다.

인생의 모든 일이 간단하진 않다.

목표

- 비전 보드를 검토한다.
- 강인함을 정의하고 강인함으로 이겨낸 상황을 제시한다.

수업 진행

1. 2명씩 짝을 지어 서로의 경험을 공유한다.
2. 학생들은 2인 1조로 자신의 강인함을 시험당한 상황을 서로 얘기한다. 그리고 그 상황을 기록해 학급 전체와 공유할 준비를 한다.

   * 비고: 이 활동의 목적은 모든 사람이 시련을 겪으며 가장 중요한 요인은 시련에 대응하는 방식이라는 깨달음을 공유하는 것이다.

책임 토의

- 강인함은 어떻게 정의되는가?
- 정신력과 체력을 어떻게 구별하는가?

수업 주안점

'그럼에도 불구하고'라는 용어를 언급하고 그 이면에 있는 저자의 견해를 논의한다.

평가

끈기와 강인함은 학생들에게 긍정적 결과를 가져올 것이다. 학생들에게 다음 문장을 완성하게 하라:

(각자의 도전 과제/역경 써넣기)에도 불구하고 강인함과 나에 대한 믿음이 이를 이겨내는 데 도움이 됐다.

단원 10 _ 신념(10장)

자신에게 귀 기울이고 자신에게 최선인 일을 하라.

목표

- 비전 보드를 검토한다.
- 꿈을 인식하고 명확히 이해한다.
- 높은 자존감과 자신감의 증가를 통해 자신을 믿는다.

수업 진행

1. 비전을 다룬 2장을 참조한다.
2. 원래 제시된 활동을 다시 살펴본다.
3. 비전 관련 용어
   - 상상
   - 기록
   - 희생
   - 실행
   - 장애물 수용
4. 자신의 꿈을 늘 참고할 수 있게 도식 조직자를 그린다. (오른쪽 참조)

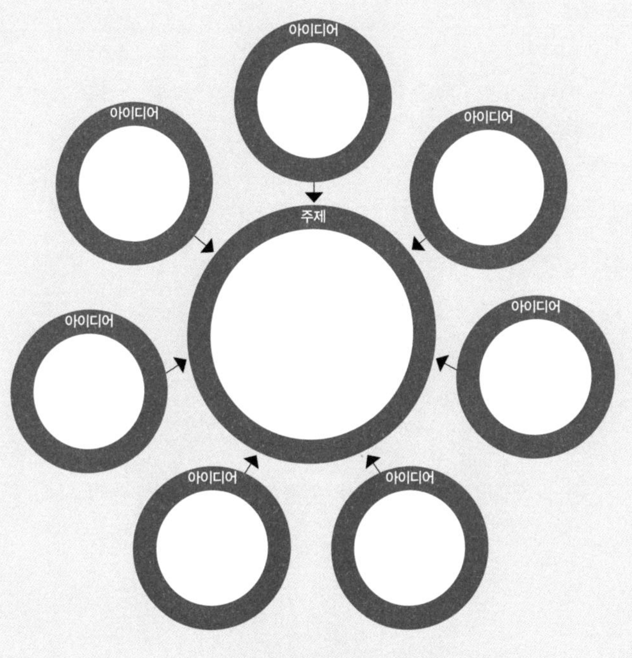

도식 조직자

책임 토의

- 자존감이 무엇이며 자존감이 있을 때 어떤 이득이 있는지 집단토론을 한다.
- 자신감 형성의 개념에 관해 논의한다.
- 회복탄력성resilience의 정의를 내린다.

수업 주안점

'그럼에도 불구하고'라는 주제를 재검토한다. 강인함과 자존감 형성의 연관성을 찾는다.

평가

이 단원에서 다룬 개념을 짧게 요약·정리한다.

- 꿈 확인
- 비전 유지(신뢰심)
- 자신감 증가
- 자존감 향상

* 비고: 학생들에게 '어떻게, 언제, 무엇을, 어디서, 왜'를 질문한다.

단원 11 _ 마음의 힘(11장)

모든 일을 이루는 것은 마음의 힘이며
여기에 맞닿아 있는지 여부에 따라 약자와 강자가 나뉜다.

목표

- 마음의 힘과 확고한 생각을 설명할 수 있는 분위기를 조성하도록 학생들을 가르치고 격려한다.
- 성찰이라는 용어와 성찰이 어떤 방식으로 명확하고 긍정적인 사고를 지원할 수 있는지 소개한다.

핵심 질문

굳건한 마음과 견실한 사고가 어떻게 삶 속 진실로 이어질 수 있는가?

집단토론

굳센 마음가짐과 견고한 사고의 형성은 삶의 진실을 찾는 데 필수다.
다음 사항들이 논의 주제가 될 수 있다.

- 긍정적 사고 vs 부정적 사고
- 좋은 의도 vs 좋지 않은 의도
- 부정적 장애물로 어려움을 겪을 때 긍정적 결과 끌어내기

활동

학생들은 수업을 끝내면서 '진실의 영역에 이르는 지도'를 만들 수 있다.

수업 주안점

1. 자신의 삶에서 부정적이거나 그리 좋지 않은 점을 모두 열거한다.
2. 자신의 삶에서 긍정적이거나 매우 좋은 점을 모두 열거한다.
3. 자신의 미래에 무엇이 보이는지 기술한다.
4. 지금부터 5년 후의 자기 모습을 상상해 본다.

평가

지금부터 5년 후 비전을 종이 또는 아이패드 등에 간략히 적는다.
그 안에 직업, 가족, 친구 등 내 삶을 이루는 모든 요소를 포함한다.

단원 12 _ 영혼(12장)

하나의 문이 닫히면 다른 문이 열린다.

항상 이것을 믿어야 한다.

목표

- 올바른 답을 찾기 위해 영혼을 탐색할 방법을 수립한다.
- 믿음의 철학과 삶을 연결시킨다.

핵심 질문

우리는 내면의 힘과 평화를 어떻게 발전시키는가?

활동

시각화: 학생들에게 눈을 감고 집중해 원하는 직업을 가진 성인이 된 자기 모습을 상상해 보라고 한다. 5분 후 모든 학생에게 마음속으로 그린 자기 모습을 말로 설명해 보라고 요청한다. (학습 조력자는 학생들의 대답을 차트 또는 그래프 용지에 기록한다.)

집단토론

안내 질문

1. 어떻게 믿음을 내면의 힘과 평화 증진으로 이어지게 할 수 있는가?
2. 믿음, 내면의 힘, 평화는 자신이 원하는 목표 달성에 어떤 역할을 할 수 있는가?
3. 인간 정신이 효율적이려면 논의된 특성이 전부 필요한가?

평가

- 수업이 끝나면 학생들은 믿음, 내면의 힘과 평화, 영혼을 연관 지을 줄 아는 능력을 보여줄 것이다.
- 물리적 설명: '닫혔던 문과 열린 문'의 목록을 작성한다('원인과 결과' 차트로 지칭할 수도 있다).
  - 어떤 일로 들뜨거나 계획을 세웠던 때를 모두 열거한다.
  - 계획을 중지시키거나 들뜬 마음을 사라지게 했을 수도 있는 장애물을 추가로 열거한다.
  - 장애물을 우회하기 위해 썼을 대안을 열거한다.
  - 장애물을 넘어 앞으로 나아갈 계획을 추가한다.

단원 13 _ 사랑(13장)

무엇을 보든 좋은 면에 집중하라.

작은 것을 사랑하는 법을 배우라.

목표

친구, 행복, 용서의 개념을 소개한다. 이 단원과 활동을 끝내면 학생들은 친구, 행복, 용서의 개념을 구별할 수 있을 것이다.

핵심 질문

친구, 행복, 용서, 사랑 간에는 어떤 관계가 있는가?

활동

- 2인 1조 활동: 우정에 관한 인터뷰
- 학생들은 2명씩 짝을 지어 아래 질문을 서로에게 한다.
  - 너는 어떻게 친구를 사귀었어?
  - 너는 누구를 친구로 생각해?
  - 너는 어떻게 좋은 친구를 사귀거나 찾아?
  - 그 과정에서 사랑은 어떤 역할을 할 수 있을까?

집단토론

1. 누군가를 용서해야 했던 때가 있었는가?
2. 용서를 구해야 했던 때가 있었는가?
3. 어째서 누군가를 용서할 때 더 강한 사람이 되는가?
4. 사랑은 용서에서 어떤 역할을 하는가?

평가

사랑을 그림으로 그려본다. 우선 머릿속으로 그려보고 종이나 아이패드 등에 옮긴다. 우정, 용서, 행복의 상징을 부호로 표기해본다.

단원 14 _ 열정(14장)

삶에 흥미를 갖고 마음과 영혼을 다해 살라.

목표 1

학생들은 열정에 대한 개인적 해석과 삶에 열정이 존재하게 할 방법을 알고 단원을 마치게 될 것이다.

핵심 질문

당신은 어떻게 삶에 대한 열정을 찾을 수 있다고 생각하는가?

자신이 정말로 열정을 느끼는 일을 찾으려면 어떻게 해야 하는가?

활동

학생들은 다음 말을 해석한다.

1. 열정을 갖고 일하라.
2. 자신이 하고 싶은 일을 이미 한 사람들을 찾아라.
3. 최선의 노력을 기울여라.

* 비고: 모든 답변은 조별 토의 시간에 발표하게 한다.

집단토론

5명이 한 조가 돼 각자의 해석에 관해 논의한다.

목표 2

학생들은 열정과 지금까지 발견한 자신의 재능 사이에 직접적인 연관성이 있음을 알게 될 것이다.

1. 재능 개념을 정의한다.
2. 학급 전체 토의를 한다.
3. 학생들은 색인 카드에 자신의 재능을 적는다.

평가

학생들의 응답을 적은 색인 카드를 포스터 크기의 보드에 붙인다.

* 비고: 콜라주 작품처럼 보드를 전시한다.

단원 15 _ 명예(15장)

명예롭게 산다면 후회할 이유가 없다.

목표

명예에 대한 개인적 해석과 명예로운 삶을 살 방법을 알게 된다.

활동 1

학생들은 다음 말을 해석한다.

1. "명예란 아무리 유명하고 재산이 많아도 살 수 없는 것이다."
2. "자신감과 진실함을 유지하도록 하라. 그러면 언제나 굳건하고 확고한 기반 위에 당당히 서게 될 것이다."

목표 2

학생들은 정직, 리더십, 겸손 및 존중을 정의할 수 있게 된다.

활동 2

학생들은 다음 말을 해석한다.

1. "겸손과 위대함은 밀접한 연관이 있다."
2. "자신에게 정직하지 않을 때 잃게 되는 사람은 바로 자신이다."
3. "진정한 리더십은 외로운 길일 수 있다."

책임 토의

학생들은 수업에서 논의한 정의에 기초해 학습 조력자를 인터뷰할 질문을 작성한다.

평가

모든 학생은 명예를 제목으로 하는 250단어 내외의 에세이를 쓴다. 그 에세이에서 다음 핵심 특성을 앞으로의 삶에 어떻게 통합할 계획인지 밝힌다.

- 명예
- 겸손과 존중
- 리더십
- 정직

다음 단원을 시작할 때 이 숙제를 제출하고 친구들 앞에서 발표하고 공유한다.

단원 16 _ 성공(16장)

할 일은 자신의 삶과 주변의 삶을 긍정적으로 변화시키는 것이다.

수업 시작 전 명예를 주제로 한 에세이 발표(단원 15의 과제)

학생들은 수업에 참여한 다른 학생들 앞에서 자신의 에세이를 읽는다.

목표

학생들은 자신에게 성공이 무엇을 의미하는지 설명한다.

평가

학생들에게 성공의 의미를 성찰하고 글로 적어보게 한다.

평가 기준

- 앞서 익힌 인생 공식을 참조할 수 있다.
- 학생들이 이전 단원의 내용과 거기서 만든 자료, 프로젝트를 모두 다시 살펴보도록 권장한다.
- 다음 안내 질문에 대한 답변이 포함되도록 성찰을 유도한다.
  - 성공을 어떻게 정의하는가?
  - 왜 성공이 중요한가?
  - 성공하기 위해 어떤 준비를 해왔는가?
- 수업을 끝내면서 성찰 내용을 짧게 정리해 제출한다.

성찰하는 글을 쓸 때의 주의 사항

1. 올바른 문법
2. 명료한 생각
3. 개념 정의와 설명 포함
4. 사례 제시
5. 적절한 문장 구조
6. 알아보기 쉬운 글씨/필체

단원 17 _ 순환(17장)

순환하는 원만큼 완전한 것은 없다.
당신이 뭔가를 시작하는 모습을 볼 수 있다면
시작한 일을 끝내는 모습도 그려보라.

목표

프로그램을 마친 모든 참가자는 다음의 그래프를 완성해 모든 가르침을 익혔음을 증명해 보인다. 그래프의 원은 학생들이 각 단원에서 발표하고 학습한 내용을 보여준다. 중앙에 있는 원에는 학생의 인생 목표를 쓴다.

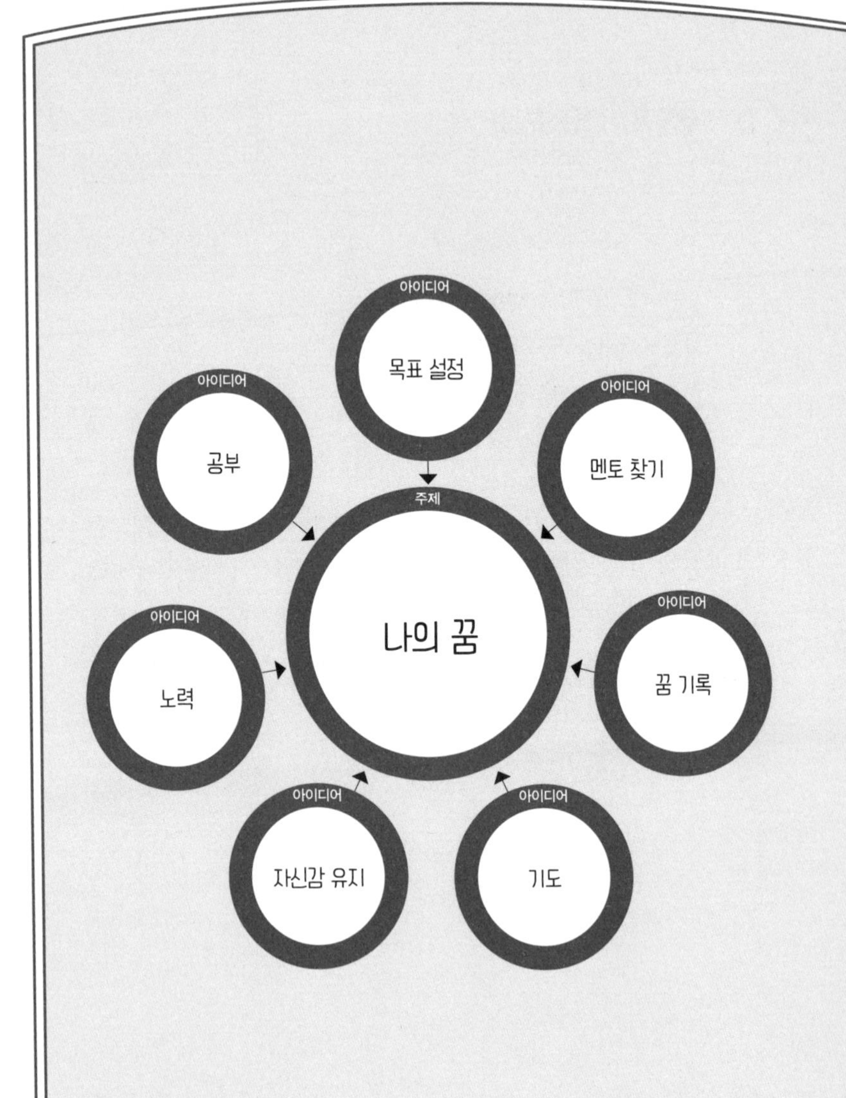
아이디어
목표 설정
아이디어
공부
아이디어
멘토 찾기
주제
나의 꿈
아이디어
노력
아이디어
꿈 기록
아이디어
자신감 유지
아이디어
기도

감사의 글

2003년《인생 설계자의 공식》초판에서 내 인생의 방향을 잡는 데 함께해 준 모든 분께 감사를 표했다. 누구를 말하는지 본인들은 알리라고 생각한다. 다시 한 번 그분들께 감사드리고 싶다. 본인들이 짐작하는 이상으로 내게 소중한 분들이다. 고마워요, 여러분!

이번에 나온 개정·증보판에서는 제일 먼저 나와 함께 성장해 온 두 사람에게 감사 인사를 하고 싶다.

35년이 넘는 세월 동안 내 인생의 유일한 사랑인 아내 도나는 내가 나이키라는 낯선 곳으로 간다고 했을 때 나를 믿고 익숙한 환경을 떠나겠다는 결단을 내려줬고 우리는 함께 나이키를 알아갔다. 믿음의 도약 없이는 아무 일도 일어나지 않는다. 우리도 가진 것을 놓기가 무척이나 두려웠다. 하지만 우리는 함께 성장했다. 이 자리를 빌려 내 꿈을 믿어주고 우리 꿈으로 만들어 준 아내에게 고맙다는 말을 전하고 싶다. 도나는 까다롭고 지나치게 긍정적인 내 성격도 견뎌줬다. 도나, 있는 그대로의 나를 받아줘서 고마워요. 당신은 정말 대단한 사람이에요! 당신이야말로 내가 이룬 꿈이오!

그리고 사랑하는 맨디. 우리 삶을 밝혀준 우리 딸. 너는 내가 아는 사람 중 가장 용감하고 긍정적인 사람이다. 너는 모든 역경에 맞서 싸워왔지. 어떤 일을 겪어도 사기가 꺾이거나 빛을 잃는 법이 없었어. 너는 나를 세상에서 가장 자랑스러운 아빠로 만들어 줬다. 너는 불가능 속에서 가능성을 찾아내는 보기 드문 자질을 네 안에서 찾아내고 발휘하더구나. 그런 자세를 간직하고 절대 그에 대한 믿음을 잃지 마라. 이 책의 초판 출간 이후로도 너는 크게 성장했어. 네가 얼마나 성장했는지, 네가 어떤 사람이 됐는지 생각만 해도 내 얼굴에는 절로 미소가 떠오른다. 그런데 인생이 언제나 완벽할까? 원래 인생이란 게 그렇듯이 그건 네 선택에 달렸을 거야. 인생을 어떻게 보는지에 따라 네가 얼마나 멀리 갈 수 있을지 결정될 테니까. 나의 스타 육상 선수인 너는 정말 열심히 연습했다. 다만 네가 진정한 경기는 인생의 경기임을 기억했으면 한다. 상황이 네 뜻대로 흘러가지 않을 때도 계속 미소를 지으렴. 우리 인생의 빛이 돼줘서 고마워! 우리 가족 모두가 성장했고 내 곰돌이도 이제 성인이 됐구나. 잘했어, 내 딸! 네 인생에 함께하게 해줘서 고마워.

너와 너의 열렬한 찬미자, 두 사람 모두에게 사랑을 보낸다!

마지막으로 이번 《인생 설계자의 공식》 개정·증보판에서는 믿음의 도약을 감행할 용기, 자신의 꿈을 좇을 용기, 다른 사람의 꿈을 믿어주고 그가 한계를 뛰어넘도록 독려해 줄 용기를 지닌 모든 사람에게 감사를 전하고 싶다. 당신이야말로 살 만한 가치가 있는 삶, 우리 모두에게 더 나은 세상을 만들어 주는 사람이다.

어머니, 해서웨이 코치, 낸시 뉴스텝Nancy Knewstep, 드리셀 코치, 리디 박사, 필 나이트, 나이키의 모든 이들이 그런 사람이다. 자신 이외의 누군가를 믿어주는 용기는 훌륭한 품성이다. 나는 이번 개정·증보판이 계속해서 더 많은 사람에게 다른 사람의 가능성을 믿어주는 힘과 용기를 주길 진심으로 바란다. 두려움을 떨쳐버리기 위해 눈을 감으면서 힘을 낼 용기, 먼저 자신부터 믿을 용기를 주길 희망한다. 그래야만 다른 사람을 도울 힘을 낼 수 있다. 어서 믿음의 도약을 하라! 그 힘이 세상을 밝힐 것이다!

그리고 미셸과 맬컴에게 특별히 감사를 표하고 싶다. 미셸은 《인생 설계자의 공식》 개정·증보판을 내라고 나를 독려했다. 아마 개정판이 나올 때까지 그는 계속 졸랐을 것이다. 미셸은 '왓 잇 테이크스What it Takes' 심포지엄에 참가한 청소년들이 《인생 설계자의 공식》에 호응하는 모습에 감명받아 개정판이 필요하다는 생각이 들었다고 했다. 그는 교재로도 쓸 수 있는 개정판이 나와 부모, 멘토, 교사들이 이 책의 많은 가르침에서 도움을 받을 수 있길 바랐다. 그렇게 개정 방향이 결정됐을 때 나는 디트로이트에서 이미 이 책을 교재로 쓰고 있던 사람을 알고 있었다. 교실에서 이 책을 사용해 무척 좋은 결과를 얻고 있던 맬컴이었다. 나는 두 사람과 힘을 모았고 그 결과 이 개정·증보판이 나올 수 있었다. 이 책을 통해 다른 사람들도 자신의 아름다운 날개를 볼 수 있도록 도와준 두 사람의 지속적 노력과 이타심에 감사드린다.

나이키 조던의 부사장이 전하는 성공적인 삶의 비밀
인생 설계자의 공식

제1판 1쇄 인쇄 | 2023년 2월 16일
제1판 1쇄 발행 | 2023년 3월 2일

지은이 | 하워드 H. 화이트
옮긴이 | 김미정
펴낸이 | 오형규
펴낸곳 | 한국경제신문 한경BP
책임편집 | 최경민
교정교열 | 강설빔
저작권 | 백상아
홍보 | 이여진 · 박도현 · 정은주
마케팅 | 김규형 · 정우연
디자인 | 지소영
본문디자인 | 디자인 현

주소 | 서울특별시 중구 청파로 463
기획출판팀 | 02-3604-590, 584
영업마케팅팀 | 02-3604-595, 562 FAX | 02-3604-599
H | http://bp.hankyung.com E | bp@hankyung.com
F | www.facebook.com/hankyungbp
등록 | 제 2-315(1967. 5. 15)

ISBN 978-89-475-4880-9 03320

책값은 뒤표지에 있습니다.
잘못 만들어진 책은 구입처에서 바꿔드립니다.